Ulrich Pfisterer

DIE SIXTINISCHE KAPELLE

Verlag C.H.Beck

Mit 40 Abbildungen, davon 14 in Farbe

Originalausgabe

Satz: Fotosatz Amann, Aichstetten
Druck und Bindung: Druckerei C.H.Beck, Nördlingen
Umschlagabbildung: Michelangelo, Deckenfresko der Sixtinischen Kapelle (Detail), 1508–1512
Umschlagentwurf: Uwe Göbel, München
Printed in Germany
ISBN 978 3 406 63819 0

www.beck.de

C.H.BECK WISSEN

in der Beck'schen Reihe

Zwischen 1481 und 1541 wurde die Sixtinische Kapelle im Vatikan mit Fresken und Teppichen ausgestattet, die bis heute überwältigen. Unter wechselnden Päpsten schufen Botticelli, Ghirlandajo, Rosselli und Perugino, Raffael und Michelangelo Spitzenwerke, mit denen sie auch in Konkurrenz zueinander traten, so wie die Päpste einander durch ihre Kunstaufträge zu übertreffen suchten. Das Ergebnis war jedoch ein Ensemble von bemerkenswerter Geschlossenheit. Seit der Restaurierung der Kapelle lassen sich die Entstehungsgeschichte der Sixtina und die ursprünglich geplante Anordnung der Bilder genauer rekonstruieren als je zuvor. Ulrich Pfisterer korrigiert auf dieser Grundlage so manche geläufige Vorstellung. Er gibt einen konzisen Überblick über die zahllosen Figuren und Bilder, welche die Wände und die Decke der Sixtina bevölkern. Und er bietet eine Gesamtdeutung der Kapelle, die von bestechender Überzeugungskraft ist: Der ganze Raum mit seinen neuartigen Kunstwerken sollte ein Vorschein des Himmlischen Jerusalems sein. Damit sollte die Kapelle auch die Macht der Päpste legitimieren, die stets beanspruchten, den Schlüssel zum Himmelreich zu verwalten.

Ulrich Pfisterer ist Professor für Kunstgeschichte an der Ludwig-Maximilians-Universität München. Bei C.H.Beck hat er die *Klassiker der Kunstgeschichte* (Bd. I: 2007, Bd. II: 2008) herausgegeben.

Inhalt

Prolog vor der Himmelstür 7

Wettstreit ums Paradies:
Die «erste Kapelle der Welt» und Sixtus IV. 11
Der Bau, sein Auftraggeber und die Chronologie der ersten Ausmalung 12
Heilsgeschichte als Bilderdialog 28
Künstlerkonkurrenz 35

Triumphtor und Vorhalle zur Gottesstadt:
Michelangelos Deckenfresken und Julius II. 42
Mühen und Lohn der Arbeit 44
«Zeugnis vollkommener Kunst» 57
Lesarten der Genesis 71

Stiftshütte, Tempel Salomons, Himmlisches
Jerusalem: Raffaels Teppiche und Leo X. 80
Apostelgeschichten 83
Architektur- und Ausstattungssymbolik 89
Antipoden 92

Das Tor zur Ewigkeit: Michelangelos
Jüngstes Gericht, Clemens VII. und Paul III. 97
Jenseits der Grenzen 99
Schlüsselgewalt 104
‹Bildprogramme› und ‹künstlerische Freiheit› in der Renaissance 112

Epilog im Fegefeuer: Der Mythos
der Sixtinischen Kapelle und die Kunstgeschichte 115

Anhang

Die Beischriften zum Christus- und Moses-Zyklus des 15. Jahrhunderts 120
Quellennachweis 122
Bildnachweis 124
Literatur 125
Dank 128

Prolog vor der Himmelstür

«Was ist denn das für ein Unfall? Die Tür geht ja gar nicht auf!» Papst Julius II. sollte sich keine vier Monate an Michelangelos spektakulärem neuen Deckenfresko in der Sixtinischen Kapelle erfreuen können. Am 31. Oktober 1512 war das Werk erstmals in Gänze vor Julius und tags darauf vor der Welt enthüllt worden. Bereits in der Nacht auf den 21. Februar 1513 verstarb der Papst «an Fieber». Als die Seele des Stellvertreters Christi auf Erden an der Himmelstür ankam, paßte jedoch der mitgebrachte Schlüssel nicht. Der Torwächter, Petrus höchstpersönlich, verweigerte den Zutritt in Gottes Reich. Der silberne «Schlüssel der Macht», mit dem der herrische Julius alles richten zu können glaubte, schien dem Apostelfürsten grundverschieden von den beiden Schlüsseln, die Christus ihm selbst ehedem als Zeichen des päpstlichen Amtes anvertraut hatte. So jedenfalls kolportierte es eine unmittelbar nach dem Tod des Papstes anonym verfaßte, wohl 1517 erstmals gedruckte Schmähschrift, die in der Folge wahlweise Erasmus von Rotterdam, Ulrich von Hutten, Publius Faustus Andrelini und noch anderen zugeschrieben wurde. Ein der ersten Übersetzung ins Deutsche beigegebener Holzschnitt (Abb. 1) zeigt die beschriebene Szenerie: Der Krieger-Papst Julius, angetan mit dem prunkvollsten päpstlichen Ornat und zugleich in voller Rüstung (das «PM» auf dem Brustpanzer identifiziert ihn als Pontifex Maximus), zieht an der Spitze seines Heeres und in Begleitung seines Genius sowie einiger Chorknaben zur Himmelstür. Hinter deren vergittertem Guckloch wehrt Petrus den Neuankömmling ab. Im weiteren Verlauf des Textes entspinnt sich ein Dialog, der mit den einleitend zitierten erstaunten Worten von Julius beginnt, auf knapp 50 Seiten die (vermeintlichen) Untaten des Papstes offenlegt und im Ratschlag des Petrus gipfelt: «Baue dir irgendwo selbst ein neues Paradies!»

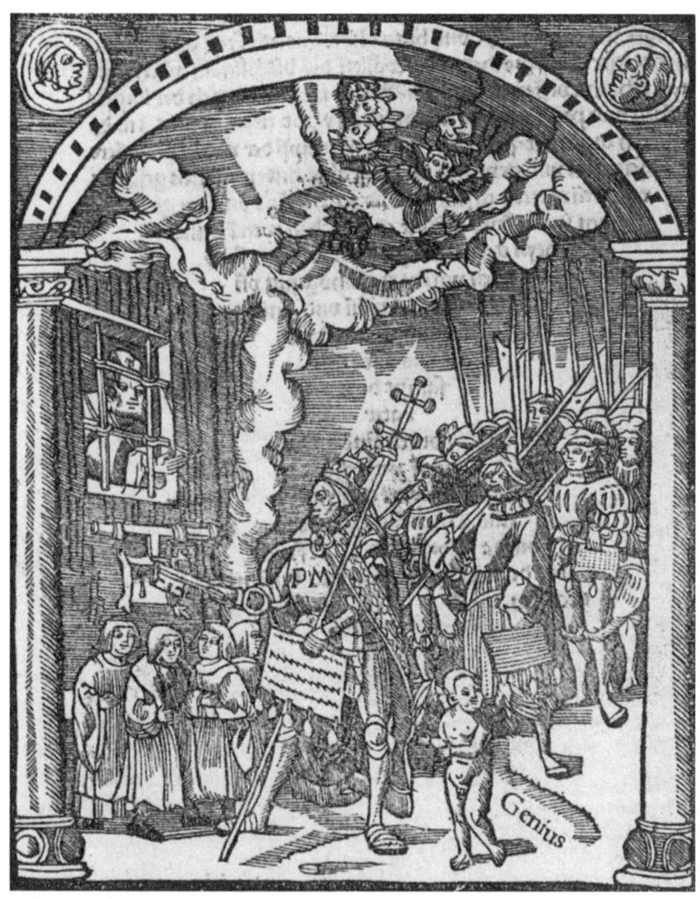

1 Papst Julius II. vor der verschlossenen Himmelstür, Holzschnitt aus: Von den Gewalt und Haupt der Kirchen ein Gesprech […], Speyer [um 1521], München, Bayerische Staatsbibliothek

Die Satire von *Julius vor der verschlossenen Himmelstür*, die in den folgenden Jahrzehnten mehrfach nachgedruckt und übersetzt wurde, faßt die Mißstände der Kirchenführung in dem einen Bild des falschen, nutzlosen Schlüssels zusammen und persifliert damit das zentrale Machtsymbol des Papsttums.

Als Nachfolger Petri verfügt der Pontifex eigentlich über die doppelte Macht, auf Erden zu binden und zu lösen, d.h. zu richten und durch Sündenvergebung den Weg ins Himmelreich zu ebnen, symbolisiert durch einen Schlüssel aus Silber und einen aus Gold. In den Jahrzehnten um 1300 hatten die Päpste die Schlüssel des Petrus als ihr eigenes Attribut übernommen. Während der Krisen des Papsttums vom 14. bis zum 16. Jahrhundert, der Schismen, des Exils in Avignon, der mühsamen Rückkehr nach Rom und der Rückgewinnung der Macht, dann der ‹Katastrophe der Reformation›, wurden die Schlüssel zu unverzichtbaren päpstlichen Herrschaftszeichen.

Die von Christus konstituierte Schlüsselgewalt des Papstes wird auch in der Bildausstattung der Sixtinischen Kapelle vielfach thematisiert (Abb. I, II). Eng damit zusammen hing die Vorstellung von der Vollendung der Heilsgeschichte mit der zukünftigen Wiederkehr des Gottesreiches, des Himmlischen Jerusalems, zu dem der goldene Schlüssel den Zugang eröffnet. Diese Vorstellung legitimierte in letzter Konsequenz die Päpste und die katholische Kirche insgesamt. Jenes letzte Glaubensziel und die uneingeschränkte Autorität des Papstes durchziehen auch als ‹Leitideen› die vier hauptsächlichen Ausstattungskampagnen der Sixtinischen Kapelle zwischen 1481 und 1541; mit jeder neuen Ergänzung der Bildausstattung wurden sie präzisiert, modifiziert und erweitert. Diese Zusammenhänge aufzuzeigen, die sich zur Gänze erst erschließen, wenn man die gesamte Ausstattungsgeschichte der Sixtinischen Kapelle in den Blick nimmt, ist das Ziel des vorliegenden Buches.

Es soll also nicht ein ‹Programm› im modernen Sinne einer einmal festgelegten und dann bis in die Details hinein konsequent realisierten Bildausstattung postuliert werden. Vielmehr geht es hier um fundamentale Vorstellungen, die sich mit wachsender Bildfülle immer weiter konkretisierten. Die *Julius*-Satire erinnert zugleich daran, daß solche Vorstellungen und Bilder immer im Dialog mit wechselnden tagespolitischen Aktualisierungsmöglichkeiten standen und daß päpstliches Selbstverständnis und Herrschaftslegitimation sich mit dem jeweiligen Amtsinhaber verändern konnten. Jede Hinzufügung zur Ausstattung der Sixtina beeinflußte außerdem rückwirkend die Wahrnehmung und Bedeutung der bereits vorhandenen Teile. Neben den theologischen, politischen und auftraggeberspezifischen Aspekten spielten schließlich auch die Intentionen der Künstler eine entscheidende Rolle – zumal wenn Personen wie Botticelli, Michelangelo oder Raffael involviert waren. In der Sixtina entstand auf diese Weise mit der Zeit ein komplexes Gefüge aus thematischen, chronologischen und visuell-künstlerischen Bezügen über Räume und Zeiten hinweg.

Unerläßliche Voraussetzung für eine Untersuchung dieses Gefüges ist eine möglichst präzise Vorstellung von der Entstehungsgeschichte und der ursprünglich intendierten Anordnung der Bilder. Vor allem die Restaurierungskampagnen der Sixtinischen Kapelle in den beiden Jahrzehnten vor 2000 haben hierzu neue Erkenntnisse geliefert, auf deren Basis allerdings bislang noch keine zusammenfassende Darstellung vorliegt. Das Buch unternimmt daher nicht nur eine neue Gesamtdeutung der Sixtina, es wird auch mehrfach geläufige Vorstellungen zur Chronologie und Rekonstruktion der Bildausstattung revidieren.

In jedem Fall galt die Sixtina, so stellte der päpstliche Zeremonienmeister Paris de Grassis 1518 fest, hinsichtlich ihrer Würde und Ausstattung als die «erste Kapelle der Welt». An diesem zentralen Ort der Christenheit, dem Sitz des Stellvertreters Christi auf Erden, ließ sich ein Abglanz der Gottesstadt erahnen. Mit Abschluß der Ausstattung 1541 durch Michelangelos *Jüngstes Gericht* war die Kapelle endgültig in ein heilsgeschichtliches Monument der Hoffnung und des Triumphes, in die Vorhalle und zukünftige Tür zum Paradies verwandelt worden, wo Christus am Ende der Zeiten erscheinen und der vom Papst geführten ‹einzig wahren Kirche› den Weg ins ewige Himmelreich eröffnen würde.

Wettstreit ums Paradies: Die «erste Kapelle der Welt» und Sixtus IV.

Wer sich in Rom um die Mitte des 15. Jahrhunderts und in Sichtweite von Petersbasilika und Vatikanpalast nach dem Weg ins Paradies erkundigte, hätte zumindest drei ganz unterschiedliche Antworten erhalten können: Die eine, wohl keinesfalls die nächstliegende, hätte die Frage metaphorisch verstanden und auf ein Leben in heiligmäßiger Tugend in Hoffnung auf Erlösung am Jüngsten Tag verwiesen. Die als Heilige verehrte, erst jüngst 1440 verstorbene Francesca Romana hatte den Römern vorgemacht und in ihren Visionen vielfach beschrieben, wie ein solcher Aufstieg zum Himmel aussehen konnte. Eine zweite Antwort hätte konkret den Weg in den Vorhof von Alt-St. Peter gewiesen. Das Atrium der konstantinischen Basilika bezeichnete man damals als ‹Paradies› – wie teils auch bei anderen europäischen Kirchen. Freilich machte vor St. Peter der zentrale Brunnen mit dem Pinienzapfen aus Bronze als Wasserspender und den beiden antiken Bronzepfauen diesen symbolischen Bezug besonders augenfällig. Schließlich und drittens lag abgeschirmt zwischen der Petersbasilika und dem mittelalterlichen Papstpalast ein Gartenbezirk, der ebenfalls als ‹Paradies› beschrieben wurde. Zu diesem Vatikangarten liest man in Giannozzo Manettis 1455 verfaßter Vita von Papst Nikolaus V.: «[A]n diesem Ort eines wunderschönen Paradieses erheben sich drei überaus wohlgestaltete und herausragende Gebäude». Manetti hatte dabei die von Nikolaus geplanten großartigen Bauprojekte, nicht die Realität im Blick. Denn zumindest eines der Gebäude, die im 13. Jahrhundert errichtete ‹große Palastkapelle›, war im Laufe der Zeit offenbar so baufällig geworden, daß es wenig später grundlegend renoviert werden mußte. Verantwortlich dafür war Sixtus IV. Nach diesem päpstlichen Bauherrn bürgerte sich ab den 1520er Jahren die Bezeichnung ‹Sixtinische Kapelle› ein.

Der Bau, sein Auftraggeber und die Chronologie der ersten Ausmalung

Martin V., der ab 1420 als erster Papst nach dem Großen Schisma wieder dauerhaft Sitz in Rom nahm, wählte als Wohnort nicht mehr die alte Residenz des Lateran im Südosten der Stadt, sondern den Vatikanpalast neben der Peterskirche auf der westlichen Tiberseite. Diese Anlage dürfte nach Jahren der Vernachlässigung kaum in besserem Zustand gewesen sein als der Lateran, vielmehr sollte wohl demonstrativ ein Neuanfang markiert werden. Die *capella magna* (oder *capella maior palatii*) des Vatikanpalastes befand sich im ersten Stockwerk (Abb. 2). Der Hauptzugang erfolgte über den angrenzenden Empfangssaal, die Sala Regia *(aula magna)*. In der Anlage gab es noch weitere Kapellen mit unterschiedlichen Funktionen. So öffnete sich schräg gegenüber dem Eingang zur *capella magna* die Tür zur *capella parva* oder S. Nicolai, erbaut unter Nikolaus III. (1277–1280). Sie diente etwa für weniger bedeutende Messen, als Warteraum bei Konsistorien in der Sala Regia und nach der Rückkehr der Päpste aus dem Exil in Avignon als Wahlraum bei den Konklaven (in der Sixtinischen Kapelle waren dagegen im 15. und 16. Jahrhundert während des Wahlprocedere die Schlafzellen für die Kardinäle aufgebaut). Ab dem zweiten Jahrzehnt des 16. Jahrhunderts scheint die ‹kleine Kapelle› zu beengt und wohl auch zu baufällig für die immer zahlreicher werdenden Mitglieder der päpstlichen Kapelle geworden zu sein. Paul III. ließ sie um 1540 abreißen und dafür an anderer Stelle die Capella Paolina mit dem letzten von Michelangelo gemalten Freskenzyklus zum Leben des Apostels Paulus errichten. In der gegenüberliegenden Ecke des Palastkomplexes befand sich im zweiten Stock zudem eine Kapelle, die 1447–1450 auf Geheiß von Papst Nikolaus V. durch Fra Angelico komplett ausfreskiert worden war und die als Privatkapelle der Renaissancepäpste für deren täglichen Gottesdienst fungierte.

Der auf drei Seiten freistehende, längsrechteckige und mehrstöckige Backsteinkubus der *capella magna* könnte zunächst unter Innozenz II. (1197–1216) errichtet worden sein. Der

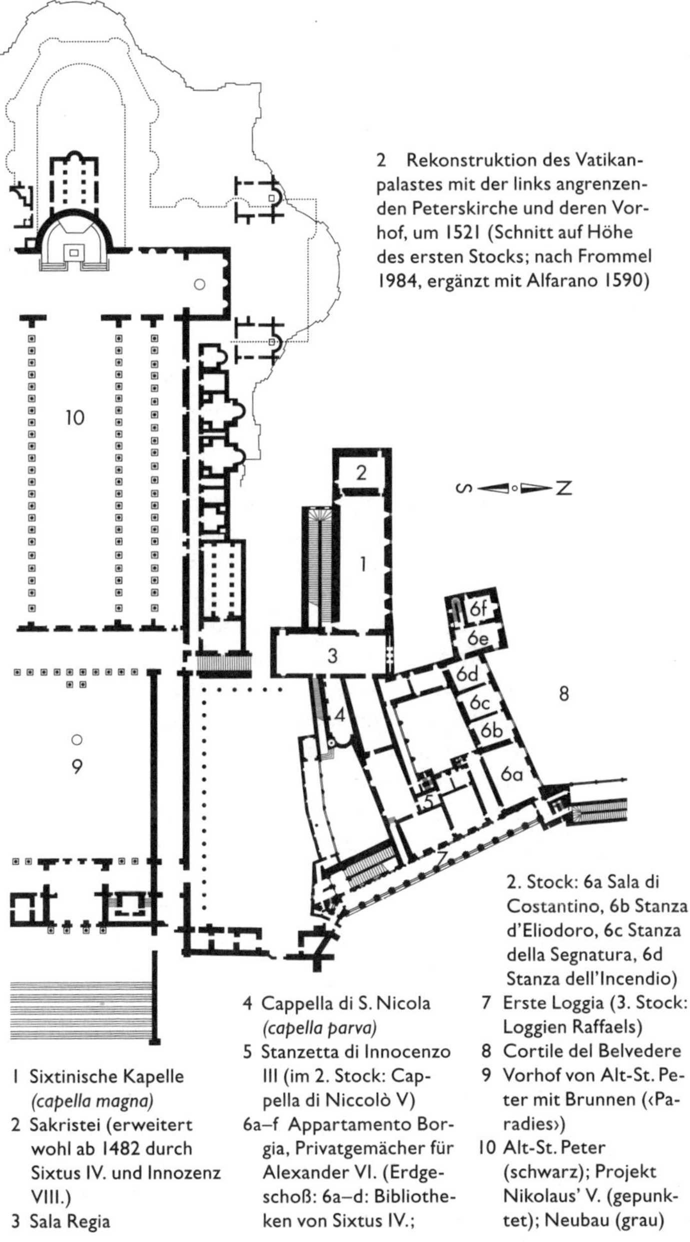

2 Rekonstruktion des Vatikanpalastes mit der links angrenzenden Peterskirche und deren Vorhof, um 1521 (Schnitt auf Höhe des ersten Stocks; nach Frommel 1984, ergänzt mit Alfarano 1590)

1 Sixtinische Kapelle *(capella magna)*
2 Sakristei (erweitert wohl ab 1482 durch Sixtus IV. und Innozenz VIII.)
3 Sala Regia
4 Cappella di S. Nicola *(capella parva)*
5 Stanzetta di Innocenzo III (im 2. Stock: Cappella di Niccolò V)
6a–f Appartamento Borgia, Privatgemächer für Alexander VI. (Erdgeschoß: 6a–d: Bibliotheken von Sixtus IV.; 2. Stock: 6a Sala di Costantino, 6b Stanza d'Eliodoro, 6c Stanza della Segnatura, 6d Stanza dell'Incendio)
7 Erste Loggia (3. Stock: Loggien Raffaels)
8 Cortile del Belvedere
9 Vorhof von Alt-St. Peter mit Brunnen (‹Paradies›)
10 Alt-St. Peter (schwarz); Projekt Nikolaus' V. (gepunktet); Neubau (grau)

Raum war mit einer flachen Holzdecke gedeckt und hatte einen Holzfußboden. Einen Eindruck vom Aussehen der Kapelle kann eine Buchmalerei vermitteln, die in den 1470er Jahren, kurz vor Beginn des Umbaus zur heutigen Sixtinischen Kapelle, entstand: Sie zeigt eine Messe im Beisein des Papstes in einem weiß getünchten Raum mit großen Fenstern (Abb. III). Für die spätere Ausstattung sollte sich als wichtig erweisen, daß das Altarbild bereits zu diesem Zeitpunkt die Himmelfahrt Mariens darstellte und daß an den Wänden Blumenteppiche hingen. Auch die funktionalen Anforderungen an diesen Kapellenraum werden in der Miniatur deutlich. Der Kalender des päpstlichen Hofes sah im Laufe eines Kirchenjahres ungefähr 40 Anlässe vor, an denen die gesamte päpstliche Kapelle teilzunehmen hatte. Diese dürfte zu Zeiten von Sixtus vielleicht 200 Personen umfaßt haben (wobei sie im Laufe des 16. Jahrhunderts noch beträchtlich vergrößert wurde): das Kardinalskollegium mit Anhang, weitere gerade anwesende hohe Geistliche, Kurienbeamte und weltliche Mitglieder des päpstlichen Hofstaates, außerdem eine Reihe von Gästen. Dazu kamen die Zelebranten der Messe und der Sängerchor (da Sixtus IV. die liturgische Musik der Kapelle bereits 1471 regelte, wird auch dieser Chor als ‹Cappella Sistina› bezeichnet). Nur durchschnittlich acht Anlässe pro Jahr erforderten, daß sich die päpstliche Kapelle in die Petersbasilika begab. Die restlichen 32 Termine wurden in der *capella magna* abgehalten – besonders zahlreich waren die Anlässe in der Fastenzeit und der Karwoche. Der Papst selbst zelebrierte im späten 15. Jahrhundert nur noch dreimal im Jahr eine öffentliche Messe, an Weihnachten, Ostern und dem Fest der Apostelfürsten, Julius II. dann nur noch an Ostern und an SS. Peter und Paul.

Auf der Miniatur ist auch die U-förmige Anordnung der Sitze um den Altar mit dem durch einen Baldachin ausgezeichneten Platz des Papstes und mit weiteren Sitzmöglichkeiten im Zentrum auf dem Boden für die untergeordneten Personen zu erkennen. Diese Anordnung wurde wohl schon während des Exils in Avignon in der dortigen Kapelle praktiziert und sollte dann auch die Binnengliederung des Sixtinischen Neubaus bestimmen.

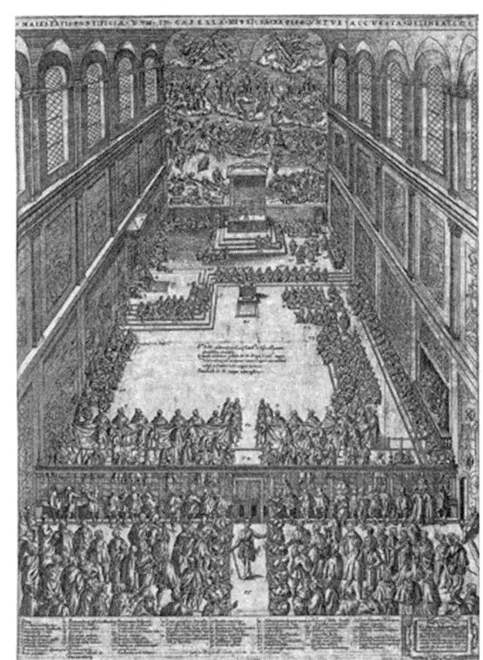

3 Étienne Dupérac, Messe der ‹päpstlichen Kapelle› in der Sixtinischen Kapelle («Maiestatis Pontificiae dum in Capella Xisti Sacra Peragantur Accurata Delineatio»), Rom 1578, Kupferstich

Eine Abschrankung des Kapellenraums erlaubte es zudem, daß weiteres weltliches Publikum an den Feierlichkeiten teilnahm. Der Zugang zur Kapelle war allerdings reglementiert; Frauen wurden zu Messen ausnahmsweise wohl erst unter Leo X. zugelassen. Ein Kupferstich des Étienne Dupérac von 1578 zeigt die Befolgung jener Grundordnung noch rund 100 Jahre später (Abb. 3) – allerdings sind die Figuren maßstäblich zu klein dargestellt, so daß der Eindruck von zu viel Freiraum in der Kapelle entsteht.

Vor allem aber erinnert diese Ansicht auch an die symbolische Dimension der päpstlichen Kapelle. Mit ihrer Zusammenkunft repräsentiert diese die *maiestas pontificia*, die päpstliche Majestät und glanzvolle Erhabenheit, wie auf dem Stich zu lesen ist. Wenn schon im Mittelalter die Vorstellung existierte, daß die im Gestühl versammelten Mönche eines Klosters als zehnter Chor zu den himmlischen Heerscharen hinzutreten würden, dann galt dies in noch gesteigerter Form für die päpstliche Kapelle: Der Stellvertreter Christi auf Erden im geordneten Kreis seines Hofes, der geistlichen Stände und weltlichen Vertreter repräsentierte die irdische Kirche und nahm deren Erfüllung in der zukünftigen himmlischen *ecclesia triumphans* vorweg. Der Glanz der *maiestas pontificia* ließ das Strahlen der himmlischen Heerscharen und der Kirche der Endzeit erahnen – Julius II. und sein Zeremonienmeister Paris de Grassis zum Beispiel sollten diese Parallele explizit formulieren. Allein dies rechtfertigte und verlangte geradezu die größtmögliche Prachtentfaltung und die Beschäftigung der besten Künstler. Bereits in der Vision eines grundlegend erneuerten Roms, die Nikolaus V. verfolgte und die sein Biograph Manetti festhielt, erstrahlte daher die große Palastkapelle in neuem Glanz.

Tatsächlich begannen die Bauarbeiten an der Kapelle aber erst unter Sixtus IV. Francesco della Rovere, geboren 1414 bei Savona in Ligurien, war am 9. August 1471 als Nachfolger von Paul II. zum Papst gewählt worden. Er war frühzeitig dem Franziskanerorden beigetreten und hatte sich einen Namen als einer der hervorragendsten Theologen des 15. Jahrhunderts gemacht. Zeitlebens setzte er sich unter anderem für die Lehre von der Unbefleckten Empfängnis Mariens ein, als Papst dann 1483 mit dem vollen Nachdruck seines Amtes durch die Bulle *Grave nimis*. 1464 wurde er zum Generaloberen seines Ordens, 1467 zum Kardinal ernannt. Mit der Wahl seiner bis dato so vorbildlichen Person in das höchste Kirchenamt waren große Hoffnungen darauf verbunden, daß die Reform der Kirche nun konsequent vorangetrieben würde. Diese Hoffnungen wurden freilich schwer enttäuscht: Unter Sixtus erreichten der Nepotismus und die weltlich-kriegerischen Auseinandersetzungen des Vatikans mit den anderen Mächten in Italien einen neuen Höhepunkt.

Allerdings realisierte Sixtus ein groß angelegtes Erneuerungsprogramm für Rom, das von der Verbesserung des Straßennetzes über den Bau eines Hospitals bis zur Renovierung der Kirchen reichte. Mit seiner Stiftung antiker Statuen auf das Kapitol begründete er das erste ‹öffentliche Museum›. Im Vatikanpalast

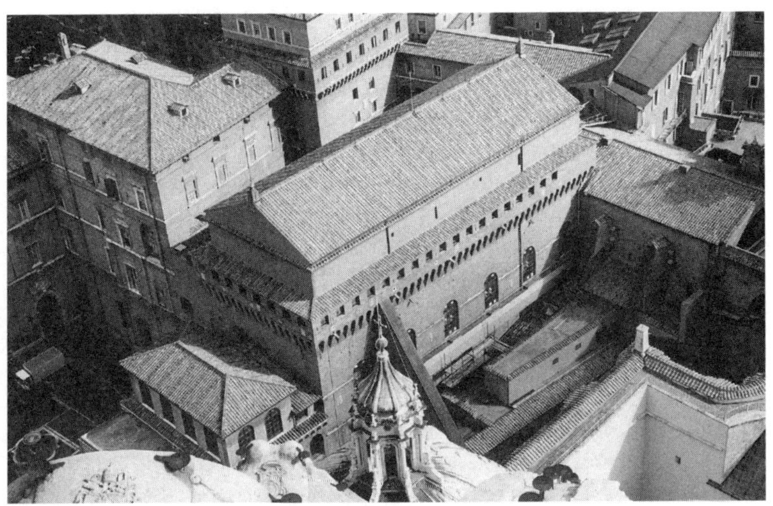

4 Die Sixtinische Kapelle, Ansicht von Südwesten

ließ er im Erdgeschoß die Bibliothek erweitern – der Gründungsakt der späteren Biblioteca Vaticana. Für sein persönliches Seelenheil sorgte er durch den Neubau einer Chorkapelle für das Kapitel von St. Peter, die 1479 der Unbefleckten Empfängnis Mariens und den beiden wichtigsten Franziskanerheiligen, Franziskus und Antonius von Padua, geweiht wurde. Die Apsiskalotte wurde von Perugino mit einer Sacra Conversazione ausfreskiert; der kniende Stifter Sixtus wurde hier von Petrus und Franziskus der Madonna empfohlen. In der Mitte des Baus und des Gestühls der Kanoniker wollte Sixtus begraben werden – eine optimale Stelle zur Sicherung des liturgischen Gedächtnisses. Allein schon die beiden Weihetitel an die Unbefleckte Empfängnis und an die Himmelfahrt Mariens machen es wahrscheinlich, daß diese Kanoniker- und Grabkapelle und die wenig später begonnene Sixtinische Kapelle in der Planung des Papstes zusammengehörten.

Von der Sixtinischen Kapelle behaupteten die Panegyriker, Sixtus habe das Bauwerk von Grund auf erneuert (Abb. 4). Dagegen bewiesen die Untersuchungen während der jüngsten Restaurierungsarbeiten, daß die Fundamente und selbst die Mauern der vorausgehenden mittelalterlichen Kapelle in beträchtlicher Höhe bewahrt wurden; allerdings wurden letztere durch eine vorgeblendete Backsteinschicht verstärkt und ‹vereinheitlicht›. Die rechteckige, leicht schiefe Grundrißdisposition der Kapelle mit ihren Ausmaßen von rund 40,50 m Länge und 13,78 m (Ostwand) bzw. 13,11 m (Westwand) Breite war also vorgegeben. Wenn die Zeitgenossen davon sprachen, Sixtus habe die Kapelle ‹vergrößert›, könnte sich dies auf eine größere Höhe, die nun rund 20,73 m erreichte, und die flache Tonnenwölbung mit Stichkappen über den Fenstern bezogen haben. Außerdem wurden die Zimmer im Erdgeschoß für die Zeremonienmeister und deren Helfer von dunklen Substruktionen in helle Räumlichkeiten verwandelt. Die ehemalige «Hölle» dieses «Gefängnisses» wurde so zum «Paradies» und für den Himmel wiedergewonnen, wie die Zeitgenossen witzelten. Warum die Räume ab dieser Zeit auch in offiziellen Dokumenten als ‹paradiso› bezeichnet wurden, bleibt unklar – wahrscheinlich übertrug man die Bezeichnung für den Garten auf das darin gelegene Bauwerk. Es ließe sich also behaupten, die Sixtinische Kapelle sei nicht nur im, sondern sogar auf dem Paradies errichtet worden.

Der Baufortschritt im Einzelnen ist anhand der wenigen bekannten Quellen nur ansatzweise rekonstruierbar. Noch am 2. Februar 1477 wird in der alten *capella maior* im Anschluß an die Messe Giuliano della Rovere, der spätere Papst Julius II., von seinem Onkel Sixtus IV. zum Erzbischof von Avignon erhoben. Im weiteren Verlauf des Jahres 1477 sind die Umbauarbeiten dann in vollem Gange. Spekulieren läßt sich, ob nicht das Heilige Jahr 1475 die Notwendigkeit einer Erneuerung der Kapelle besonders eindringlich vor Augen geführt hatte. Bezeugt ist, daß noch Anfang 1481 an dem Bau gearbeitet wurde, in der zweiten Jahreshälfte bereits an der Ausmalung. Zwei Jahre später, am 15. August 1483, dem Festtag Mariä Himmelfahrt und Patrozinium der Kapelle, wurde die erste Messe gefeiert. Allerdings beschreibt Andreas Trapezuntius, einer der beiden Privatsekretäre des Papstes, die Kapelle spätestens Mitte Mai 1482 so, als sei sie schon vollendet. Dies würde dafür sprechen, daß der Raum im großen und ganzen eigentlich schon ein Jahr vor der Einweihung dafür bereit gewesen wäre. Allein am 15. August 1482 war Rom von «größtem Terror» bedroht, das Heer des Königs von Neapel stand unmittelbar vor den Mauern. Daß der Papst sechs Tage später, am 21. August, in der Schlacht von Campo Morto seinen wichtigsten militärischen Triumph feiern würde, war überhaupt nicht abzusehen. Die Eröffnung der neuen Kapelle dürfte daher um ein ganzes Jahr verschoben worden sein. Kleinere Arbeiten – etwa die Vergoldung der Gitter oder die Glasmalereien – dauerten noch längere Zeit und wohl bis zum Tod des Papstes am 12. August 1484 an.

Es ist nicht einfach, mit diesem engen Zeitrahmen die beiden einzigen überlieferten Dokumente zur Ausmalung in Einklang zu bringen. Sicher ist zunächst allein, daß in den Jahren zwischen 1481 und 1483 ein umfangreicher Freskenzyklus entstand (Abb. 5). Die Decke wurde mit einem Sternenhimmel bemalt. Über dem Hauptgesims und zwischen den Fenstern erstreckte sich die Reihe der ersten 30 heiligen Päpste um den Raum herum, beginnend auf der Altarwand wohl mit Christus und Petrus. Darunter standen sich je acht große Bildfelder mit Szenen aus dem Leben Mose und Christi gegenüber. Den Sockelstreifen bedeckten fiktive Teppiche – mit Ausnahme der Fläche hinter dem Altar, wo als Bild die Himmelfahrt Mariens freskiert war.

Am 27. Oktober 1481 unterschrieben die vier Maler Cosimo Rosselli, Sandro Botticelli, Domenico Ghirlandajo und Pietro Perugino gemeinsam einen Vertrag über zehn Freskenfelder in der Sixtinischen Kapelle, die bereits zum 15. März 1482 fertiggestellt sein sollten – mit dem «freiwillig» gegebenen Versprechen, bei Verzögerung eine empfindliche Konventionalstrafe zu zahlen. Die Rede ist von «zehn Ereignisbildern zum Alten und Neuen Testament mit gemalten Vorhängen darunter» (die Papstbildnisse werden nicht genannt!), die «sorgfältig und getreu» – so gut jeder Meister und seine Mitarbeiter vermochten – gemalt werden sollten, so «wie angefangen ist». Die endgültige Bezahlung der Fresken sollte – nicht unüblich im 15. Jahrhundert – erst aufgrund der Begutachtung von fertiggestellten Bildern

Moses-Zyklus

(Beischriften s. S. 120 f.)

- a Auffindung des Moses-Knaben (Perugino; zerstört)
- b Reise des Moses nach Ägypten (Perugino; 42 Tagwerke)
- c Prüfung und Berufung des Moses (Botticelli; 45 Tagwerke)
- d Zug durch das Rote Meer (Biagio d'Antonio; 63 Tagwerke)
- e Moses erhält die Gesetzestafeln (Rosselli; 35 Tagwerke)
- f Bestrafung der Rotte Korah (Botticelli; 55 Tagwerke)
- g Letzte Ereignisse im Leben des Moses (Signorelli/Bartolomeo della Gatta; 54 Tagwerke)
- h Kampf um den Leichnam des Moses (laut Vasari: Signorelli; zerstört; ersetzt 1559/65 oder 1571/72 durch Matteo da Lecce)

Christus-Zyklus

(Beischriften s. S. 120 f.)

- A Geburt Christi (Perugino; zerstört)
- B Taufe Christi (Perugino; 46 Tagwerke)
- C Versuchungen Christi und Reinigungsopfer (Botticelli; 63 Tagwerke)
- D Berufung der Apostel Petrus und Andreas (Ghirlandajo; 51 Tagwerke)
- E Bergpredigt (Rosselli; 46 Tagwerke)
- F Schlüsselübergabe (Perugino; 51 Tagwerke)
- G Letztes Abendmahl und Passion (Rosselli; 43 Tagwerke)
- H Auferstehung und Himmelfahrt Christi (Rosselli, laut Vasari: Ghirlandajo; zerstört; ersetzt 1559/65 oder 1571/72 durch Henri van den Broeck)

Päpste

(numeriert nach historischer Abfolge; Zuschreibungen sind nur in einigen Fällen möglich)

- 0–0 Christus und Petrus, oder: Petrus und Paulus (zerstört)
- 1 Linus (zerstört)
- 2 Clemens I. (zerstört)
- 3 Cletus (Ghirlandajo)
- 4 Anacletus (Ghirlandajo)
- 5 Evaristus (Botticelli)
- 6 Alexander I.
- 7 Sixtus I.
- 8 Thelesphorus (Botticelli)
- 9 Hyginus (Ghirlandajo)
- 10 Pius I. (Ghirlandajo)
- 11 Anicetus (Botticelli)
- 12 Soter (Botticelli)
- 13 Eleutherus
- 14 Victor I. (Ghirlandajo)
- 15 Zephyrinus
- 16 Calixtus I. (Rosselli)
- 17 Urban I.
- 18 Pontianus
- 19 Anterus (Perugino)
- 20 Fabianus (Perugino)
- 21 Cornelius (Botticelli)
- 22 Lucius (Botticelli)
- 23 Stephanus (Botticelli)
- 24 Sixtus II. (Botticelli)
- 25 Dionysius (Rosselli)
- 26 Felix I.
- 27 Eutychianus
- 28 Caius Dalmatus (Ghirlandajo)
- 29 Marcellinus (Botticelli)
- 30 Marcellus I. (Botticelli)

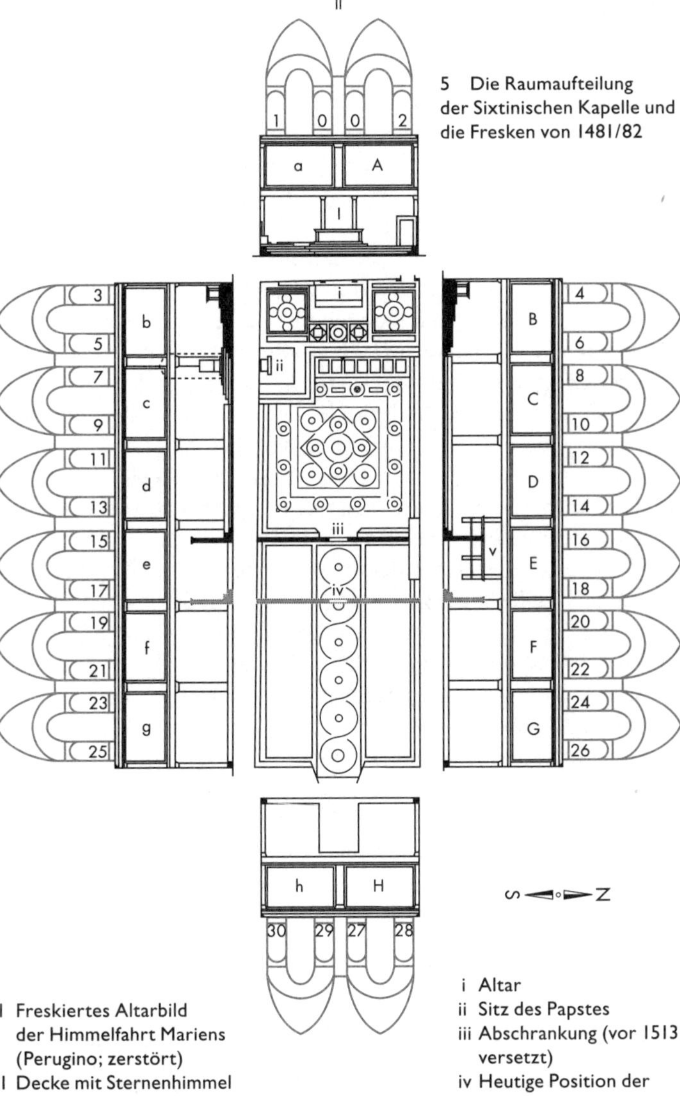

5 Die Raumaufteilung der Sixtinischen Kapelle und die Fresken von 1481/82

I Freskiertes Altarbild der Himmelfahrt Mariens (Perugino; zerstört)
II Decke mit Sternenhimmel (Piermatteo d'Amelia; zerstört)

i Altar
ii Sitz des Papstes
iii Abschrankung (vor 1513 versetzt)
iv Heutige Position der Abschrankung
v Sängerkanzel

durch eine Expertenkommission festgelegt werden. Das zentrale Deutungsproblem ergibt sich daraus, daß es in der Kapelle eigentlich 16 große Bildfelder auszumalen galt, je zwei an den Schmalseiten und je sechs an den Längsseiten. Das zweite Dokument vom 17. Januar 1482 löst dieses Rätsel nicht auf. Es handelt sich um den Bericht besagter Kommission über die «ersten vier Ereignisbilder in der Großen Kapelle».

Die ältere Forschung versuchte das Problem zu lösen, indem sie die Altarwand mit den beiden Fresken allein von Perugino als ‹Sonderfall› aus der Rechnung ausnahm. Bei den Bildern, von denen der Vertrag angeblich aussagte, die Maler hätten sie bereits angefangen, habe es sich um die vier ersten Christus-Szenen der Längswand gehandelt, die als einzige Fresken in der Kapelle Werke aller vier Maler in einer Reihe nebeneinander präsentieren. Diese seien dann im Januar geschätzt worden. Zusammen mit den im Vertrag genannten zehn Feldern, die ab Ende Oktober 1481 entstanden seien, wären so die 16 Felder gefüllt. Zumindest zwei Schwierigkeiten ergeben sich dabei: Wenn bei Niederschrift des überlieferten Vertrags bereits die vier ersten Christus-Szenen der Längswand existiert hätten, wäre die im Vertrag gegebene Beschreibung «vom Altar aus» zumindest für diese Seite nicht mehr zutreffend gewesen. Und warum soll mit der Begutachtung dieser vier fertigen Fresken zweieinhalb Monate gewartet worden sein?

Eine in älteren Beiträgen angedeutete, jüngst von Arnold Nesselrath entwickelte Lesart schlägt dagegen vor, daß der Vertrag tatsächlich den Beginn der szenischen Ausmalung markiert: Bei den zehn Freskenfeldern handele es sich um die beiden Bilder der Altarwand und die jeweils vier folgenden an den Längsseiten – der damit abgedeckte Bereich entspricht dem ursprünglichen Chorbereich der Kapelle bis zur Sängerkanzel. In einer unmittelbar anschließenden zweiten Kampagne, für die es keinen Vertrag gegeben habe, seien dann die restlichen sechs Felder gemalt worden. Dieser Vorschlag vermeidet die genannten Probleme und liefert zudem eine Antwort auf den Restaurierungsbefund, daß einige Felder der ‹zweiten Kampagne› unter offenbar veränderten Bedingungen mit prominenter Werkstattbeteiligung gemalt wurden. Die größte Schwierigkeit besteht aber in den ebenfalls bei der letzten Restaurierung für alle Fresken ermittelten Tagwerken, d. h. dem jeweiligen Arbeitsaufwand, und in den präzisierten Zuschreibungen. Denn obwohl theoretisch natürlich der gesamte Kapellenraum eingerüstet worden sein könnte und die Maler mit zahlreichen Werkstattmitgliedern an mehreren Bildfeldern gleichzeitig hätten malen können, scheint doch das Gegenteil der Fall gewesen zu sein: Jeder fertigte der Reihe nach immer nur ein Fresko. Zumindest sprechen die wenigen Anhaltspunkte für eine solche Arbeitssituation. In diesem Szenario kann dann aber rein rechnerisch vor allem der beträchtliche Anteil Peruginos kaum von Oktober bis maximal Mitte Mai entstanden sein (selbst wenn man annimmt, daß manchmal an mehreren Tagwerken eines Freskos parallel gearbeitet wurde). Nicht thematisiert wird auch die unterschiedliche Arbeitsverteilung der vermuteten ersten Kampagne: Warum soll bei einem ‹Vertrag unter Gleichberechtigten› über die ersten zehn Felder Perugino allein für vier verantwortlich gezeichnet haben, Ghirlandajo zumindest in der tatsächlichen Ausführung aber nur für eines?

Die im Folgenden entwickelte neue Chronologie bringt die Einsichten beider Vorschläge und den neuerdings ermittelten Zeitaufwand für die einzelnen Szenen zusammen: Als um die Mitte des Jahres 1481 die Bauarbeiten an der Kapelle weitgehend beendet waren, wurde als erster Teil der Ausmalung – möglicherweise unter teilweiser Umnutzung des aufwendigen Gerüsts für die Einwölbung – die Decke durch Piermatteo d'Amelia als blauer Himmel mit aufgesetzter goldener Sternenkonstellation gestaltet. Zur gleichen Zeit muß Perugino an der Altarwand begonnen haben, den Anfang der Papstreihe und dann darunter jeweils die erste Szene aus dem Leben Mose und Christi zu malen. Da diese Bilder später für Michelangelos *Jüngstes Gericht* abgeschlagen wurden, sind ihr Aussehen und die genaue Anzahl der Tagwerke unbekannt. Rechnet man aber mit einem Mittelwert aus den anderen Fresken von 40–45 Tagen, wäre Perugino sicher über drei Monate damit beschäftigt gewesen, hätte also spätestens im Juli 1481 die Arbeit aufgenommen. Im September dürften dann Botticelli, Rosselli und Ghirlandajo zu dem Projekt dazugestoßen sein; zumindest letzterer reiste nachweislich erst in diesem Monat nach Rom. Zunächst freskierten sie die Reihe der heiligen Päpste an den Längswänden und über dem Eingang fertig. Der an der Altarwand voll beschäftigte Perugino war bezeichnenderweise daran nur bei einigen ganz wenigen Figuren und mit seiner Werkstatt beteiligt. Danach wurden die hohen Gerüste abgebaut, denn für die Bildfelder benötigte man nur noch niedrige. Daher steht auch die ansatzweise zu erschließende Arbeitsverteilung in der Wandzone der Päpste in keinem strengen Bezug zu den Bildfeldern darunter.

Der Vertrag vom 27. Oktober 1481 markiert dann tatsächlich den Beginn der Freskierung der Längswände «von der Altarseite an abwärts». Die in der Forschung ganz unterschiedlich gedeutete lateinische Formulierung «a capite altaris» wurde zumindest von Johannes Burchard, dem päpstlichen Zeremonienmeister von 1484 bis 1503, für die Sixtinische Kapelle eben in diesem Sinne von ‹Altarseite› oder ‹Altarwand› verwendet. Wenn der Vertrag im weiteren darauf verweist, die Maler sollten vorgehen, «wie es begonnen ist», dann bezog sich dies auf das Modell von Peruginos Fresken an der Altarwand. Der langsamste Arbeiter, Botticelli, benötigte für sein erstes Bildfeld inklusive der rahmenden Pilaster 63 Tage. Rechnet man die Sonntage und höchsten Feiertage, an denen wohl nicht gearbeitet wurde, sowie einige Tage für die Vorbereitung der Wandfläche hinzu, wäre Botticelli als letzter der vier Maler mit seinem ersten Fresko nur wenige Tage vor der Begutachtung am 17. Januar fertig geworden. Mit dieser hätte man also nicht monatelang gewartet, sondern sie im Gegenteil umgehend angesetzt, sobald von jedem Künstler ein Werk als Begutachtungsgrundlage vorlag.

Perugino und Rosselli waren zu diesem Zeitpunkt schon seit zwei Wochen an ihrer zweiten Szene zugange – und zwar wohl jeweils genau gegenüber von ihren Christus-Fresken an den korrespondierenden Moses-Bildern. Als Botticelli dann ebenfalls die Seite wechselte, versuchte er mit aller Anstrengung, die Verspätung einzuholen, und schaffte es tatsächlich, sein zweites Fresko in nur 45 Tagwerken, dem Durchschnittswert der Kollegen, zu vollenden. Perugino und Rosselli arbeiteten in diesem Moment bereits seit knapp zwei Wochen an ihren dritten Feldern, der *Schlüsselübergabe* bzw. dem *Letzten Abendmahl*. Botticelli machte sich dann seinerseits an die *Bestrafung der Rotte Korah*. Die Arbeit daran dürfte bis Ende April gedauert haben.

Trifft diese Rekonstruktion zu, dann hätte die zwischen den Malern intern geregelte Verteilung der zehn im Vertrag genannten Felder so ausgesehen, daß jeder ein gegenüberliegendes Bildpaar verantwortet hätte, wodurch die inhaltlichen und formalen Bezüge zwischen den beiden Seiten am einfachsten herzustellen waren. Perugino und Botticelli als die beiden berühmtesten der vier Maler hätten jeder zudem noch eine dritte Szene zugesprochen bekommen. Rossellis *Letztes Abendmahl* gehört schon nicht mehr zu den zehn Fresken des Vertrags; offenbar wurde also unmittelbar und ohne neuen Vertrag an den restlichen Bildfeldern weitergearbeitet. Daß dabei Rosselli dieses wichtige Thema und das erste Feld der noch ausstehenden vier Fresken bekam, lag an seinem spektakulären Arbeitstempo: Er hatte das Fresko *Moses erhält die Gesetzestafeln* in nur 35 Tagwerken, die *Bergpredigt* in 41 erledigt (und möglicherweise war die zukünftige Vergabe der im ersten Vertrag noch ausstehenden Felder von vorneherein als Anreiz für schnelles Arbeiten gedacht). Insgesamt wäre der Vertrag einigermaßen erfüllt und die kollektive Konventionalstrafe wohl umgangen worden: Ende März 1482, mit zwei Wochen Verspätung, dürften zwar nur neun der zehn vorgesehenen Fresken vollendet gewesen sein (Botticelli hatte noch rund die Hälfte der Tagwerke seiner *Rotte Korah* vor sich), dafür war aber bereits das *Letzte Abendmahl* als elftes Bild fertig.

Deutlich wird aus diesem Ablauf, daß Domenico Ghirlandajo mit seiner Werkstatt nach Vollendung des ersten Freskos, der *Berufung der ersten Jünger*, Ende des Jahres 1481 oder spätestens mit der Evaluierung der Arbeit Mitte Januar 1482 aus der Équipe ausgeschieden sein dürfte. Die korrespondierende Szene aus dem Leben des Moses, der *Durchzug durch das Rote Meer*, wurde wohl zu diesem Zeitpunkt ersatzweise an Biagio d'Antonio vergeben, der zuvor vermutlich als Mitarbeiter Rossellis tätig gewesen war. Die hohe Zahl der Tagwerke – zweieinhalb Monate Arbeit – belegt, daß Biagio mit allem Einsatz an der neuen Herausforderung und dem dramatischen Thema arbeitete (zu diskutieren wäre, ob ihm ein Entwurf Ghirlandajos vorlag). Der zunehmende Zeitdruck dürfte auch Perugino dazu veranlaßt haben, seinen Mitarbeitern – vor allem Luca Signorelli – bei der *Schlüsselübergabe* verantwortungsvolle Partien des Freskos zu überlassen. Er selbst muß parallel dazu am freskierten Hochaltarbild der Sixtina als einem weiteren Höhepunkt der Gesamtausmalung gearbeitet haben. Ebenfalls zur gleichen Zeit oder wenig später dürfte Luca Signorelli und Bartolomeo della Gatta die Verantwortung für die beiden letzten Fresken aus dem Leben des Moses übertragen worden sein. Dasjenige auf der Eingangswand ist zerstört, das erhaltene mit dem Tod des Moses wurde in 56 Tagwerken fertiggestellt. Ausnahmsweise könnten Signorelli und Bartolomeo mit ihrem Team parallel an beiden Bildfeldern, die über Eck lagen, gearbeitet haben. Das würde den stilistischen Befund zahlreicher Hände in dem erhaltenen Fresko erklären helfen und hätte ermöglicht, daß auch diese Bildfelder bis spätestens Ende April fertig gewesen wären.

Es bleibt die Schwierigkeit des letzten Freskos aus dem Christus-Zyklus auf der Eingangswand. Der Türsturz des Hauptportals der Kapelle brach am Weihnachtsabend 1522 plötzlich zusammen. Die herabfallenden Trümmer erschlugen einen Schweizer Gardisten und hätten um ein Haar auch Papst Hadrian VI. getroffen. Die Fresken darüber wurden schwer zerstört und – anders als der umgehend reparierte Türsturz – erstaunlicherweise erst 1559/65 oder 1571/72 durch die heute sichtbaren ersetzt. Der einzige Beleg für die Zuschreibung der *Auferstehung Christi* an Ghirlandajo findet sich erst in dessen Vita von Vasari (1550/^{2}1568). Träfe Vasaris Angabe zu, dann wäre zu erklären, warum Ghirlandajo als einziger Maler noch vor Vollendung der vertraglich festgelegten zehn Fresken an den Längswänden auf die Eingangsseite hätte wechseln sollen. In den drei anderen Raumecken waren die aneinander grenzenden Fresken zudem jeweils an die gleiche Malerwerkstatt vergeben worden, möglicherweise auch, damit zeit- und kostengünstig von einem Gerüst aus beide Felder gemalt werden konnten. All dies würde dafür sprechen, daß nicht Ghirlandajo, sondern Rosselli mit dem *Letzten Abendmahl* auch die *Auferstehung Christi* auf der Eingangswand zugesprochen bekam – wobei Rossellis Malstil, zumal in halbzerstörtem Zustand, leicht mit demjenigen Ghirlandajos verwechselt werden konnte. Rosselli hätte diesen letzten Beitrag problemlos bis Ende April fertigstellen können, zumal er für die drei kleinen Passionsszenen, die auf dem *Abendmahl*-Fresko im Hintergrund zu sehen sind, wieder auf seinen Mitarbeiter Biagio d'Antonio zurückgriff und also eigene Arbeitszeit sparte. Domenico Ghirlandajo, der nachweislich noch bis August 1482 in Rom weilte, dessen Fresko unter den ersten vier im Januar evaluierten Feldern der Längswand aber kaum wirklich überzeugend abgeschnitten haben dürfte, könnte dagegen zu einem anderen Auftrag gewechselt sein.

In jedem Fall wäre den Malern in der Sixtina der weitere April und die erste Maihälfte geblieben, um letzte Kleinigkeiten an den Bildfeldern und Rahmen zu erledigen und die Vorhänge darunter durch ihre Mitarbeiter zu Ende malen zu lassen. Im Evaluierungsbericht vom 17. Januar 1482 heißt es explizit, daß die noch nicht fertigen Vorhänge nochmals zu begutachten seien. Diese Partien dürften also immer nur dann, wenn Arbeitskapazität zur Verfügung stand, weitergeführt worden sein.

Die spätestens Mitte Mai niedergeschriebene Feststellung des Andreas Trapezuntius, die Kapelle sei «vollendet» gewesen, erscheint nach der hier entwickelten Chronologie als keine allzu große Übertreibung. Auch der Mosaikfußboden und die wichtigsten anderen Ausstattungsstücke standen wohl absehbar vor ihrer Fertigstellung – wenngleich das ab Mitte April heranrükkende Heer der Neapolitaner und die Verschiebung der Einweihung der Kapelle um ein Jahr den Baufortgang noch einmal verzögert haben dürften. Die von Trapezuntius so bewunderte «außergewöhnliche Geschwindigkeit», mit der die Sixtinische Kapelle errichtet und ausgestattet wurde, war neben dem Ausweis päpstlicher ‹Allmacht› sicher auch dem Alter des Papstes geschuldet, der den Tod vor Augen hatte. Sie führte dazu, daß die «erste Kapelle» der Christenheit in der Rekordzeit von rund einem Jahr mit einem der größten Freskenzyklen des 15. Jahrhunderts in Italien ausgestattet wurde.

Die hier skizzierte Entstehungsgeschichte der Fresken unterstreicht zudem die Bedeutung der einander gegenüberliegenden Bildfelder für den ‹heilsgeschichtlichen Bilderdialog›, und sie läßt erahnen, welche Probleme sich im Verhältnis der Künstler untereinander zwischen Kooperation und Konkurrenz ergeben konnten.

Heilsgeschichte als Bilderdialog

Zentrales Element der Bibelauslegung im Mittelalter und in der Frühen Neuzeit war die Vorstellung, daß zwischen den Ereignissen des Alten und des Neuen Testaments nicht nur zufällig eine Reihe auffälliger Parallelen bestehe, sondern daß aufgrund von Gottes umfassendem Heilsplan die alttestamentarischen Ereignisse nur als Präfigurationen des Lebens Christi stattgefunden hätten. Die zeitliche Sukzession von Ursache und Wirkung, wie sie sich den Menschen darstellt, erschien aus Gottes Perspektive aufgehoben und ins Gegenteil verkehrt. Dieses ‹Typologie› genannte Prinzip ließ sich vielfältig im Bibeltext aufspüren. Die Typologie war dabei aber häufig auch und zunächst ‹visuell› fundiert und ließ sich in Bildern besonders gut entwickeln. So konnte etwa jede Kreuzesform – und war sie scheinbar noch so weit von einem Marterinstrument entfernt – allein über die formale Assoziation typologisch funktionieren. Sixtus IV. selbst analysierte die ‹symbolische Offenheit› der Typologie in seinem noch als Kardinal geschriebenen, 1471 gedruckten *Tractatus de sanguine Christi* am Beispiel von Tod und Blut Christi, vom Bild des Opferlamms und verschiedenen anderen alttestamentarischen Opfern: «Eine Konstellation des Neuen Testaments und ihre alttestamentarische Präfiguration [Sixtus spricht von «figura» und «figuratum»] müssen nicht in jeder Hinsicht übereinstimmen [...]. Sie müssen auch nicht im Gleichschritt zusammen gehen», sondern teils nur an einem Punkt konvergieren. Vor diesem theologischen und bildtheoretischen Horizont entfaltet die Ausmalung der Sixtina ihre Botschaft als ‹Dialog› der Bilder untereinander und der Bilder mit Texten über den Raum hinweg.

Die Reihe der Päpste, die sehr wahrscheinlich mit Christus und Petrus auf der Altarwand begann (möglicherweise war auch noch Paulus zu sehen, alternativ wären nur Petrus und Paulus denkbar), folgte der Papstchronik, die der Humanist und erste Bibliothekar der Vaticana, Bartolomeo Platina, verfaßt und 1479 zum Druck gebracht hatte. Namensbeischriften identifizieren die ansonsten nicht unterscheidbaren ersten Nachfolger Petri. Vor der Folie dieser legitimierenden Reihe von Vorgängern präsentierte sich Sixtus IV. auf dem Altarbild kniend vor der Madonna im Himmel; er wurde der Muttergottes von Petrus empfohlen, der ihm Hand und Schlüssel auf die Schultern legte. Bereits 1477 hatte ein Ruhmesgedicht das Auftreten von Sixtus mit demjenigen der ersten vier Päpste von Petrus bis Cletus verglichen.

Den 16 großen Bildfeldern zum Leben Mose und Christi, die stets mehrere Ereignisse in einem Simultanbild vereinen, scheint zumindest teilweise eher die weitverbreitete *Historia ecclesiastica* des Petrus Comestor denn der Bibeltext selbst zugrunde zu liegen – wenn die Ereignisse nicht überhaupt so bekannt waren, daß man die Bilder ohne Rückgriff auf konkrete Texte plante. Über jedem Bildfeld ist ein Titulus in großen Lettern angebracht, der die Bedeutung der Szene in Kurzform mitteilt (siehe S. 120f.). Diese ‹Überschriften› mit ihrer aufeinander abgestimmten Wortwahl, die erst Ende der 1960er Jahre wieder freigelegt wurden, machen eindeutig klar, was auch aufgrund der korrespondierend angelegten Bilder zu vermuten ist: Die Szenen aus dem Leben des Moses und des Christus sind typologisch parallelisiert. Sie sind nicht nur jeweils von der Altar- zur Eingangswand hin ‹abzulesen›, sondern sie verweisen jeweils über den Raum hinweg auf die gegenüberliegende Szene. Jedes Ereignis um den alttestamentarischen Anführer des auserwählten Volkes, den Begründer der Zwölf Gebote und damit der Zeit *sub lege* (‹unter dem Gesetz›) deutet in Gottes Heilsplan voraus auf ein Ereignis der Vita Christi als des Erlösers und Begründers der neutestamentarischen Liebesgebote sowie der Zeit *sub gratia* (‹unter der Gnade›). Die Aspekte des Priesters, Lehrers und Herrschers sind bei beiden Gestalten betont. Dabei verweist das typologische Potential der Bilder bis auf Sixtus und die heilsgeschichtliche Gegenwart. In diesem Sinne hatte auch etwa das erwähnte Lobgedicht von 1477 den Papst mit Moses verglichen, der sein Volk weg von den Feinden durch das Rote Meer ins Gelobte Land führte.

Die Bilder illustrieren jedoch nicht nur die Tituli, sondern rücken ihre ergänzenden visuellen Botschaften teils sogar in den Vordergrund. Das kann hier lediglich ein Beispiel andeuten: Die *Bestrafung der Rotte Korah* durch Moses und die *Schlüsselübergabe* Christi an Petrus (Abb. VI) sind unter der gemeinsamen Überschrift des «Seelenaufruhrs» miteinander verbunden. Worin dieser für Moses besteht, ist evident. Dagegen findet das Ereignis der Schlüsselübergabe in größter Ruhe statt (und gleiches gilt für die Nebenszene links hinten, die Übergabe des Zinsgroschens). Der Aufruhr bezieht sich auf das Ereignis rechts im Hintergrund, wo die Juden Christus ob seiner Behauptung, der Messias zu sein, zu steinigen versuchen (nach Joh. 8,59 und 10,31). Auf der visuellen Ebene korrespondieren die beiden Bilder vor allem durch die Triumphbogen: Der zerfallende bei Moses steht für den Niedergang aller vom rechten Glauben abtrünnigen, häretischen Bewegungen. Er unterstreicht den strahlenden Anspruch des von zwei intakten Triumphbogen flankierten Gebäudes auf dem gegenüberliegenden Fresko der *Schlüsselübergabe*. Mit diesem Akt wird der Grund für die zukünftig triumphierende Kirche gelegt; durch die Stifterinschriften auf den Triumphbogen ist er rühmend mit Sixtus IV. in Beziehung gesetzt. Wie das Bild der Schlüsselübergabe auch ohne typologische Gegenüberstellung zu interpretieren ist, hatte im übrigen 1467 der Dominikaner-Kardinal Johannes de Turrecremata in seinen gedruckten Meditationsanweisungen zu einem Freskenzyklus im Kreuzgang von S. Maria sopra Minerva in Rom zusammengefaßt: Christus habe in seiner Güte den Päpsten «eine wunderbare Macht übertragen, durch die sie die Menschen von der Sünde lösen und die Tür zum Himmel für die Gläubigen öffnen» könnten.

Die typologische Grundkonzeption zeigt auch, daß die Bilder nicht – zumindest nicht primär – tagespolitische Ereignisse kommentierten, wie insbesondere für die *Bestrafung der Rotte Korah* vermutet worden ist. Da die Inschrift auf dem ruinösen Triumphbogen exakt in einer Formulierung der Bulle *Grave gerimus* wiederzufinden ist, mit der Sixtus am 16. Juli 1482 über den schismatischen Erzbischof von Krain, Andreas Jamometić, den Kirchenbann verhängte, wurde in der älteren Forschung das Fresko nach diesem Termin datiert und die Szenenauswahl allein mit dem zeitgeschichtlichen Ereignis erklärt. Die neue Datierung und der zwischenzeitlich aufgedeckte Titulus zeigen freilich, daß die Rotte Korah viel allgemeiner für die Gefahr des Schismas und der Infragestellung päpstlicher Autorität stand. In diesem Sinne zitieren das alttestamentarische Ereignis bereits der wichtigste hochmittelalterliche Kirchenrechtler, Gratian, und dann zahlreiche Autoren des 15. Jahrhunderts. Wenn sich aber die Reihenfolge umkehrt und die Bulle offenbar die prägnante Formulierung aus dem Fresko übernahm, dann könnte dies ein Indiz dafür sein, daß der eigentliche Verfasser der Bulle, der päpstliche Geheimsekretär Leonardo Grifo, auch schon an der Konzeption des Freskenprogramms beteiligt war und seinen eigenen Satz dann zweimal verwendete. In jedem Fall wurde auch im Zusammenhang der Bulle mehrfach die Schlüsselgewalt von Sixtus IV. betont; das korrespondierende Fresko der *Schlüsselübergabe* gewann also auch auf dieser Ebene einen besonderen Sinn: «Der Papst ist der Schlüsselträger des ewigen Lebens, der Türhüter [des Himmels] durch die Macht der Schlüssel.»

Mit der typologischen Gegenüberstellung rekurriert die Sixtina auf Prinzipien, die bereits bei der frühchristlichen Ausmalung der Basiliken des hl. Petrus und des hl. Paulus angewandt und bei der Bildausstattung mittelalterlicher Kirchen in Rom und Umgebung weiterverwendet worden waren. Ähnliches gilt für die Papstreihe, den aufwendig inkrustierten Marmorfußboden in der Tradition der römischen Cosmaten-Arbeiten und die Verbindung von Schranke und Sängerkanzel, die an altchristliche Chorschranken mit Ambo erinnert. Es geht bei allen diesen ‹altertümlichen› Ausstattungselementen der Kapelle weniger um ein ‹frühchristliches Revival› als vielmehr um eine Anbindung an die lange, legitimierende Tradition der Kirche und der Päpste.

In diesem Zusammen von Altem und Neuem Testament, von Moses und Christus, von Petrus und den Päpsten nimmt Maria als typologisches Sinnbild der Kirche eine Schlüsselposition ein. Das Patrozinium der Kapelle, Mariä Himmelfahrt, war auf dem Altarfresko Peruginos zu sehen (Abb. 6). Diese körperliche Himmelfahrt war theologisch überhaupt nur durch die Unbefleckte Empfängnis Mariens denkbar geworden (dieses Ereignis feierte das Patrozinium der Grabkapelle von Sixtus IV. in St. Peter). Die Himmelfahrt der Muttergottes hatte der Menschheit auch erstmals bewiesen, daß Christi Erlösungswerk tatsächlich die Ursünde überwunden und die zukünftige Aufnahme in Gottes Reich ermöglicht hatte. Der wichtigste Verweis auf Maria neben dem Altarfresko Peruginos aber war die Decke des Piermatteo d'Amelia, die zugleich der größte und chronologisch erste Beitrag zur Ausmalung der Kapelle überhaupt war. Sie wurde jedoch bislang für die Gesamtdeutung kaum beachtet.

Dies dürfte nicht nur daran liegen, daß das Werk schon 1508 Michelangelos Fresken weichen mußte und das einstige Aussehen nur durch eine Zeichnung überliefert ist. Gravierende Auswirkungen dürfte auch die ungenaue Rekonstruktion vom Innenraum der Kapelle beim Tode Sixtus' IV. gehabt haben, die Gustavo Tognetti 1899 für Ernst Steinmanns grundlegende Monographie zur Sixtina anfertigte. Sie wurde seitdem vielfach abgedruckt und prägte alle nachfolgenden Vorstellungen vom Aussehen der Kapelle entscheidend. Tognetti zeigt die Decke als nächtliches Himmelszelt mit rein ornamentalem Sternenmuster. Wäre dies korrekt, müßte man in der Tat festhalten, daß die Deckengestaltung schlicht spätmittelalterliche Konventionen aufgriff, wie man sie etwa schon in Giottos Arena-Kapelle in Padua findet. Tognettis Rekonstruktion entspricht im übrigen auch die Vorstellung, die die Forschung lange von Piermatteo d'Amelia hatte, daß dieser nämlich mehr ein Maler-Handwerker denn ein wirklicher Künstler gewesen sei. Doch warum sollte der bei der übrigen Ausstattung um Spitzenwerke bemühte Auftraggeber Sixtus bei der Decke mit einer drittklassigen Lösung zufrieden gewesen sein? Vor allem aber: Die Decke sah in Wirklichkeit gar nicht so aus wie in Tognettis Rekonstruktion!

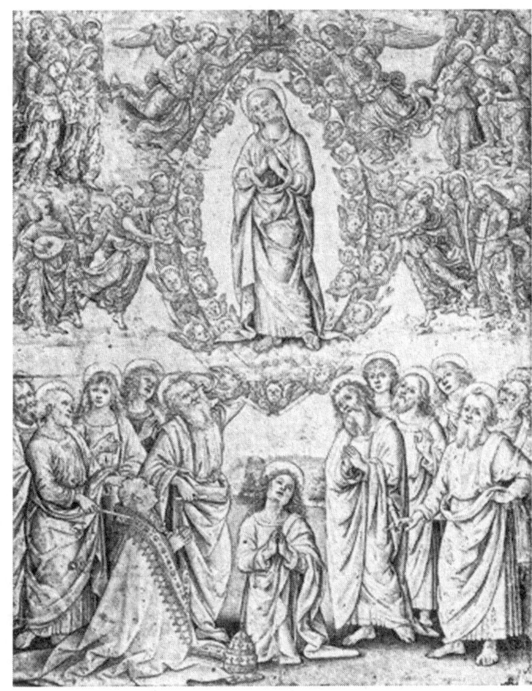

6 Werkstatt des Perugino, (Nach-?)Zeichnung des Hochaltarfreskos der Sixtinischen Kapelle mit der Himmelfahrt Mariens, 1481/82 (?), Silberstift, Feder, laviert, Wien, Albertina

Bei der erhaltenen, äußerst sorgfältigen Zeichnung (Abb. IV), deren Blaupigment sich allerdings im Laufe der Zeit stark verändert und damit die Lesbarkeit beeinträchtigt hat, dürfte es sich um den endgültigen Entwurf handeln, auf dessen Basis der Vertrag geschlossen worden war. Nur so läßt sich verstehen, daß Michelangelos Kollege, der Architekt Antonio da Sangallo d. J., später auf der Rückseite notieren konnte, daß Michelangelo die Decke anders gestaltet habe. Das Blatt lag Michelangelo offenbar im Vatikan zu Beginn der eigenen Planungen vor. Dieser Entwurf zeigt nun keineswegs einen traditionellen ornamentalen Sternenhimmel. Über den Himmel zieht sich vielmehr ein Ausschnitt des Zodiakalkreises mit Sternbildern. Diese sind allerdings nicht als mythologische Figuren dargestellt, sondern allein durch Sterne in Form von vergoldeten, je nach Leuchtkraft größeren oder kleineren Punkten. Der ‹Himmel› der Sixtina übertraf damit nicht nur in der schieren Größe, sondern auch im Verzicht auf ‹Verbildlichung› etwa die innovative Sternenkonstellation, die (vielleicht nach Entwurf von Leon Battista Alberti) in den 1440er Jahren über dem Altar der Alten Sakristei von S. Lorenzo in Florenz angebracht worden war. Auch wenn Piermatteos Zeichnung noch nicht daraufhin untersucht wurde, ob dort ebenfalls ein präziser Zeitpunkt des Sternenhimmels über Rom festgehalten wurde, läßt sich auf jeden Fall feststellen: Die Decke der Sixtina erhielt damals einen spektakulären Sternenhimmel auf dem neuesten Stand des Wissens und der Darstellung, wie es einem Papst entsprach, der sich um eine Kalenderreform bemühte und auch sonst besonders an der Sternenkunde interessiert war. Der Verzicht auf die mythologische ‹Einkleidung› läßt sich möglicherweise am einfachsten durch den Anbringungsort erklären: Im Zentrum der Christenheit sollten keine antiken Götter- und Mythenfiguren zu sehen sein.

Erst mit diesem dunkelblauen Himmelszelt, dessen vergoldete Sterne im Kerzenlicht der Liturgie funkelten, war auch das Raumprogramm vollendet. Denn mit ihrer Himmelfahrt wurde Maria zur *porta coeli* und *regina coeli*, sie war ‹Tür zum Himmelreich› und ‹Königin des Himmels›. Ein blauer Sternenmantel ist daher ihr Attribut. In Dantes Schilderung des Paradieses in der *Göttlichen Komödie* (Paradiso XXIII) erscheint die triumphierende Himmelskönigin Maria im Fixsternhimmel. In diesem offenbart sich auch der göttliche Weltenplan am deutlichsten: Der Gang der Sterne, das über sie vermittelte göttliche Gesetz, lenkt das Schicksal der Welt und der Menschen. Zugleich fungiert der Sternenhimmel als Mahnung an die Menschen (Purgatorio XIV, 148–150): «Der Himmel ruft euch, er umkreiset euch und offenbaret seine ewige Schönheit; doch nur zur Erde hin blickt euer Auge.» Schließlich markiert der Fixsternhimmel die Grenze der geschaffenen Welt. Darüber beginnt das ewige Empyreum, der Ort der Engel und Erwählten, über denen nur noch die Trinität zu finden ist.

Wenn die Wände der Sixtinischen Kapelle mit Moses, Christus, Maria und den heiligen Päpsten ab Petrus zunächst in die

Vergangenheit verwiesen, dann eröffnete der Blick in den (gemalten) Himmel den zeitübergreifenden und zukünftigen Heilsplan Gottes. Diese Grenze der geschaffenen Welt war nur mehr dank gottgegebener Vision (wie bei Dante) zu überwinden oder aber am Ende der Zeiten bei der Wiederkunft des Weltenherrschers, die alle irdischen Kategorien von Raum und Zeit beenden würde. Maria hatte als erster Mensch den Weg in den Himmel beschritten. Die restliche Menschheit hoffte auf Gottes Gnade und die Interzession Christi, Mariens und der Heiligen beim Jüngsten Gericht. Der Sternenhimmel über der Sixtina verband so vergangene Heilsgeschichte und Hoffnung auf das zukünftige Himmelreich.

Künstlerkonkurrenz

In den im Laufe des 15. Jahrhunderts verfaßten Lobeshymnen auf päpstliche Bau- und Kunstprojekte traten ausschließlich die Päpste selbst in Erscheinung. Ihnen als den Auftraggebern wurde die entscheidende und allein erwähnenswerte Initiative zugeschrieben. Die Namen der beteiligten Künstler spielten, wenngleich in anderen Zusammenhängen bereits geschätzt, in diesen Texten noch keine Rolle. Dies änderte sich mit dem ersten neuzeitlichen Romführer, dem des Francesco Albertini von 1510. Albertini, selbst Maler und Geistlicher, benennt in seiner Aufzählung «einiger Kirchen und Kapellen» des «neuen Roms» in aller Kürze die entscheidenden Themenfelder der Sixtina und weitgehend richtig auch die Maler der Fresken: «Die sehr schöne Kapelle Sixtus' IV. im Apostolischen Palast, in der sich Bilder zum Alten und Neuen Testament sowie zu den heiligen Päpsten finden», von der Hand Pietro Peruginos, Botticellis, Ghirlandajos, Rossellis sowie des «Philippus Florentinus» (gemeint sein dürfte Filippino Lippi, der mit Signorelli verwechselt wird). Kein Wort verliert Albertini dagegen über den ‹Architekten› des Baus, so daß auch heute noch unterschiedliche Vorschläge diskutiert werden: Giovannino de' Dolci oder Baccio Pontelli. Vor allem aber deutet Albertini erstmals ein Motiv für die Zusammenarbeit der Maler an, das Vasari später ausspinnen sollte: Es habe sich um einen «Wettstreit der herausragendsten Maler» gehandelt.

Daß ein solcher ‹Wettstreit der Künstler und Bilder› für die Ausmalung der Sixtinischen Kapelle im 16. Jahrhundert zentral werden sollte, wird noch zu zeigen sein. Gerade für die Fresken des Quattrocento aber scheint diese Annahme zunächst nicht zuzutreffen. Denn die vier Maler Rosselli, Botticelli, Ghirlandajo und Perugino unterschrieben den Vertrag vom 27. Oktober 1481 ja gemeinsam. Und Sixtus IV. scheint es zunächst darum gegangen zu sein, ein kompetentes, ihm teils aus früheren Aufträgen schon bekanntes Team auf höchstem Niveau zu engagieren, das die enorme Wandfläche in Rekordzeit würde ausmalen können. Mit dem Zeitdruck ließe sich auch begründen, warum ein anderer ‹Hofmaler› des Papstes, Melozzo da Forlì, nicht zumindest mit einem Teil des Auftrags betraut wurde. In der ersten Hälfte des Jahres 1481 erhielt er zusammen mit seinem römischen Kollegen Antoniazzo Romano zwar noch Gelder für die Ausmalung der päpstlichen Privatbibliothek im Vatikan. Danach scheint er aber, wohl ebenfalls im Auftrag des Papstes, mit den Fresken der Markus-Sakristei im Heiligtum von Loreto und möglicherweise mit den heute verlorenen Fresken in der Apsis von SS. Apostoli in Rom so beschäftigt gewesen zu sein, daß er für die Sixtina ausschied.

Die Auswahl der dann eingestellten Maler dürfte jedoch noch andere Gründe gehabt haben: Andreas Trapezuntius betont in seinem Lob der Sixtinischen Kapelle ausdrücklich, daß ihr enormer Bau erstaunlicherweise während des großen Krieges gegen Florenz entstanden sei. Die Auseinandersetzung war aufgeflammt, weil die Medici dem Papst vorwarfen, die Pazzi-Verschwörung, der Giuliano de' Medici 1478 zum Opfer gefallen war, unterstützt zu haben. Erst als Giulianos seinerzeit nur verwundeter Bruder Lorenzo persönlich nach Rom reiste, kam es am 3. Dezember 1480 zum Friedensschluß. Vor diesem Hintergrund läßt sich das Engagement ausschließlich in Florenz tätiger Maler, die im übrigen um 1485 genau unter dieser topographischen Kategorie in Giovanni Santis Lobgedicht auf die Malerei zusammengestellt werden sollten, kaum anders denn als politisches Statement verstehen: Der Papst honoriert die kulturelle und speziell die künstlerische Blüte von Florenz, das seinerseits zum Schmuck des päpstlichen Palastes beiträgt und damit dem Oberhaupt der Kirche seine Reverenz erweist.

Außer Frage steht, daß die zunächst vier verantwortlichen Maler thematische Vorgaben für die Ausmalung erhielten und – wie auch immer – untereinander bestimmte formale Rahmenbedingungen festlegten. Außer Frage steht auch, daß kein Fresko durch betont individuelle Stilelemente und Erfindungen aus dem Gesamt herausfallen durfte und daß der enorme Zeitdruck bei der Fertigstellung am Ende zunehmend Kollaboration erforderte. Dennoch scheinen die Maler auch unter diesen Bedingungen ihre künstlerische Virtuosität wettstreitend unter Beweis gestellt zu haben – und Sixtus dürfte genau damit gerechnet haben. Das Prinzip der Qualitätssteigerung durch Konkurrenz wurde zumindest seit dem frühen 15. Jahrhundert offiziell angewendet. So waren etwa an der Florentiner Domfassade drei der sitzenden Evangelistenstatuen an je einen Bildhauer vergeben worden mit der Ankündigung, der beste würde dann den Auftrag für die noch ausstehende vierte Figur erhalten. Auch hier hatten offenbar präzise Vorgaben dafür gesorgt, daß trotzdem ein in den großen Zügen ‹einheitliches› Ensemble entstand.

In der Sixtina lassen sich vor diesem Hintergrund vor allem die demonstrativen ‹Kunstfiguren› direkt gegenüber dem wichtigsten Betrachter, dem Papst auf seinem Sitz, verstehen – wo sich im übrigen auch die meisten Porträts von Zeitgenossen finden. Perugino verschaffte dabei schon sein Thema der Taufe Christi enorme Vorteile: Neben der Darstellung von Landschaft und Figurengruppen konnte er mit der idealschönen Aktfigur des Gottessohnes und dem daneben sitzenden Täufling, der in einer kompliziert verkürzten Haltung seine Strumpfhose vom Bein zieht, seine vollkommene Beherrschung der menschlichen Figur und seine Auseinandersetzung mit der Antike (in diesem Fall dem *Dornauszieher*) demonstrieren. Daß allein dieses Fresko eine Signatur trägt, bestätigt auch, daß Perugino unter den vier Malern doch eine Art Führungsstellung zukam.

Botticellis erste Aufgabe schien dagegen große Hindernisse zu bieten: Bei den Versuchungen Christi und einem Reinigungsopfer hatten Aktfiguren eigentlich nichts verloren. Mit welchem Einsatz sich Botticelli dennoch an die Arbeit machte, zeigen allein schon die 60 Tagewerke, die er für das Fresko benötigte. Für kein anderes erhaltenes Bild des 15. Jahrhunderts wurde in der Sixtina mehr Zeitaufwand betrieben. Botticellis brillante Lösung bestand unter anderem darin, in die rechte Zuschauergruppe eine junge Frau, die ein Bündel Eichenbrennholz heranträgt, und einen kleinen Jungen einzufügen, der überdimensionierte Trauben heranschleppt und über eine Schlange erschrickt, die sich daraus hervorwindet (Abb. V). Zunächst sind diese beiden Figuren durch ihre Idealisierung, die bewegte Körperhaltung, die Gewandung und die wehenden Haare deutlich von der Folie der sie umgebenden Zeitgenossen abgesetzt. Da sie ebenso offensichtlich nicht zum ‹Kernpersonal› des alttestamentarischen Reinigungsopfers gehören, dürfte ein Betrachter des späteren 15. Jahrhunderts in ihnen eine Art ausschmückender ‹Kommentar-Figuren› erkannt haben. Jedenfalls spricht der Umstand, daß die beiden Figuren dann von der Botticelli-Werkstatt auch als eigenständiges Tafelbild gemalt wurden, für eine solche isolierende, abstrakt-allegorische Wahrnehmung. Die junge Frau gehört zum Typ der damals gerade in Florenz entwickelten und sehr beliebten antikischen ‹Nymphen› – so der von Aby Warburg um 1900 gewählte Begriff, im übrigen auch genau für diese Figur. Der Knabe hingegen forderte die antiquarischen Kenntnisse der Betrachter anderweitig heraus: In ihm brachte Botticelli zwei klar erkennbare antike Statuen zusammen, die sich wohl schon zu diesem Zeitpunkt in den vatikanischen Sammlungen befanden, ein Mädchen, das vor einer Schlange erschrickt, und einen Jungen mit Trauben. Zudem ermöglichte die Figur den Gebildeten, ihr Wissen aus der *Naturkunde* des Plinius vorzuführen, die 1469 erstmals auf Latein, 1473 in italienischer Übersetzung gedruckt worden war. Plinius hatte (35, 63 f.) von dem antiken griechischen Maler Zeuxis berichtet, dieser habe einen Jungen mit Trauben so täuschend echt gemalt, daß die Vögel herbeigeflogen seien, um an den Früchten zu picken. Ein ähnliches Bild hatte Zeuxis im Wettstreit mit dem Maler Parrhasios geschaffen. Im Text unmittelbar vor dieser Stelle rühmt Plinius ferner ein weiteres Gemälde des Meisters, das den kleinen Herkules zeigte, wie er die Schlangen erwürgt, wobei der Schreck der Mutter Hekuba besonders eindrucksvoll dargestellt gewesen sei. Botticelli synthetisierte also nicht nur die beiden antiken Statuen. Seine Figur ließ sich auch mit mehreren literarisch überlieferten Werken des Zeuxis in Verbindung bringen. Wie aktuell solche Überlegungen waren, belegen Gedichte des Ugolino Verino just aus diesen Jahren, wo Botticelli mit Zeuxis und dessen Trauben verglichen wird: «Sandro stand dem Zeuxis in der Malerei nicht nach, dem es gegeben war, die Vögel mit gemalten Trauben zu täuschen.»

Die größte Herausforderung für Botticelli bestand freilich darin, seine Kunstfiguren sinnvoll mit dem übrigen Bildgehalt, dem Reinigungsopfer und den Versuchungen Christi, in Beziehung zu setzen. Wein und Schlange könnten dabei nicht nur auf das Opferblut Christi und die Sünde verweisen; die riesigen Trauben ließen sich als Anspielung auf die Kundschafter im Gelobten Land verstehen (4 Mos. 13f.). Wie das Fresko insgesamt Christus und das Alte Testament zusammenbringt, so hätte der Junge mit Trauben Christus und Moses verbunden. In jedem Fall scheint die Frau mit den zusammengebundenen ausschlagenden Eichenzweigen – die Eiche war der Wappenbaum der Familie della Rovere – anzuzeigen, daß alle Fährnisse gegenwärtig und in Zukunft durch den Einsatz des Papstes überwunden werden.

Rosselli hat seine Bilder offensichtlich ähnlich selbstreflexiv und kunsttheoretisch kommentiert: Auf dem Fresko *Moses erhält die Gesetzestafeln* ist auf die Marmorrahmung illusionistisch ein Farbschälchen mit Pinsel gemalt, als ob es dort von den Malern vergessen worden sei. Schräg dahinter erhebt sich das Idol des Goldenen Kalbes, unter dem ein Äffchen am Boden sitzt. Hier will Rosselli wohl nicht nur Kunst als Götzenbild und bloßes ‹Nachäffen› verurteilen. Der ‹vergessene Pinsel› dürfte auch als witziges Selbstlob zu verstehen sein, handelt es sich bei diesem Fresko doch um das mit Abstand am schnellsten entstandene in der Sixtina. Die Botschaft wäre in etwa: Das Tempo bei diesem Werk war so groß, daß man sogar Arbeitsgerät übersehen hat – und doch ist die Augentäuschung perfekt gelungen.

Die Versuche, auch noch Selbstbildnisse der Maler in den Fresken zu identifizieren, lassen sich dagegen nur schwer verifizieren. Wenngleich also im 15. Jahrhundert die Elogen auf päpstliche Kunstaufträge noch keine Künstlernamen nannten, trug doch allein der Wettstreit unter den besten Malern der Zeit entscheidend zum Ruhm ihres Auftraggebers Sixtus bei. Fresken in dieser Fülle und dieser Qualität gab es so nicht noch einmal in Italien. Sie setzten bei allen damaligen Kriterien für herausragende Kunst neue Maßstäbe: beim Bezug auf die Antike, bei der Perspektive, der menschlichen Figur, dem Porträt, der überzeugenden Handlung und den Affekten, der Landschaft usw. Die genau zeitgleiche Lobrede des Andreas Trapezuntius bestätigt diese Sicht: Die Malereien der Kapelle zeichneten sich nicht nur durch «Schönheit», «Weichheit» der Farben, scheinbare «Lebendigkeit», «Abwechslung» sowie die Beherrschung der «menschlichen Figur» aus. Man sehe sich einer «vollkommenen und absoluten Kunst» gegenüber, die sogar die Malerei des antiken Griechenlands übertreffe.

Sixtus IV., der *renovator vrbis*, wollte seine Bauvorhaben und ‹Verschönerungskampagnen› in Rom weniger als Ruhmesmonumente und glanzvollen Ausdruck päpstlicher Allmacht verstanden wissen – wie es für seinen Vorvorgänger, Nikolaus V., gegolten hatte. Sixtus wurde, so lobte jedenfalls der Engländer Robert Flemmyng 1477, von «Nutzen, Gottesfurcht und Ehrbarkeit» geleitet, weshalb er auch vor allem Kirchen, Kapellen und Klöster habe errichten lassen. In letzter Konsequenz ging es dem Oberhaupt der Christenheit und Franziskanermönch um die Liebe zu Gott und den Nächsten und um das Seelenheil. Zumindest sollte die um 1475 begonnene, mindestens 34 Szenen umfassende gemalte Vita des Papstes im Hospital von S. Spirito in Sassia, wenige hundert Meter vom Vatikanpalast entfernt, diese Botschaft vermitteln: Die beiden letzten Szenen,

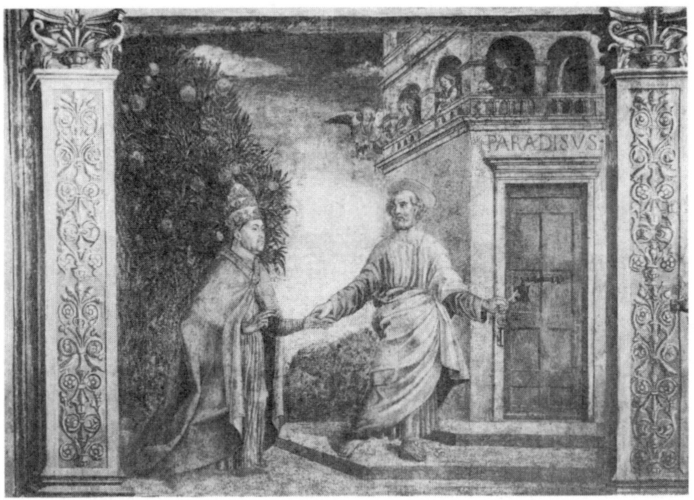

7 Papst Sixtus IV. vor der Himmelstür, um 1484, Fresko, Rom, Ospedale di S. Spirito in Sassia

die möglicherweise erst unmittelbar nach dem Tod des Papstes 1484 ausgeführt wurden, zeigen Sixtus kniend, wie er Gottvater seine Bauten durch Engel als gute Werke präsentieren läßt, und deuten dann den Lohn für diese Taten an: Sixtus bleibt das Schicksal normaler Menschen erspart, nach dem Tod eine Sühnezeit im Fegefeuer zu verbüßen. Vielmehr schließt ihm sein Ahnherr Petrus direkt die mit «PARADISVS» beschriftete Himmelstür auf (Abb. 7). Ganz anders, als es dann knapp drei Jahrzehnte später seinem Neffen in der Satire von *Julius vor der verschlossenen Himmelstür* ergehen sollte, wird der Papst vom Apostelfürsten sogar an der Hand genommen. Mit dem Tod sieht sich Sixtus IV. unter die heiligmäßigen Päpste eingereiht, die er zwischen den Fenstern seiner Kapelle hatte malen lassen. Wie ihm der symbolträchtig in einem irdischen Paradiesgarten errichtete Bau seiner großen Palastkapelle zu Lebzeiten als herausragender Ort päpstlicher Majestät gedient hat, so zeichnet ihn nach dem Tod der hochragende Bau der Himmelsstadt aus.

Triumphtor und Vorhalle zur Gottesstadt: Michelangelos Deckenfresken und Julius II.

Auch das Paradies abzureißen, konnte einen Weg dorthin eröffnen. Nachdem die Fundamentierungsarbeiten, die Nikolaus V. um die Mitte des 15. Jahrhunderts am Chor der alten Peterskirche für einen wesentlich erweiterten Neubau begonnen hatte, über Jahrzehnte nicht wirklich vorangekommen waren, gab Julius II. angeblich dem Architekten Bramante freie Hand für ein noch viel ambitionierteres Projekt. Bramante ließ den Chor der frühchristlichen Basilika komplett abtragen. So konnte dann im Jahr 1506 der Grundstein zu einem monumentalen Neubau nach Bramantes Plänen gelegt werden. Auch wenn das alte Langhaus und der Altarbereich zunächst bewahrt und bald durch eine Interimskonstruktion gegen die Baustelle abgeschirmt wurden, waren die Zeremonien in der Peterskirche derart beeinträchtigt, daß der Papst Termine und Feste immer häufiger in die nahegelegene Sixtinische Kapelle verlegte. Nachdem auf Befehl von Julius die Sixtina in den Jahren 1508 bis 1512 dann auch noch durch Michelangelo mit einer neuen Deckenbemalung ausgeschmückt worden war, konnte man mehr als zu Recht von der «ersten Kapelle der Welt» reden: Die sukzessive Zerstörung von St. Peter erhob die Sixtina tatsächlich de facto zum Zentrum der Christenheit.

Wieder wurden diese Zusammenhänge vor der Himmelstür diskutiert. Im Jahr 1517 erschien in Mailand ein Büchlein von Andrea Guarna mit dem Titel *Simia* («Affe»/«Nachäffer»). Guarna, vermutlich Priester und seit 1610/11 in Rom, hatte es 1516 dort verfaßt. Sein Text, eine Satire auf die Verhältnisse an der römischen Kurie unter Julius II., beschreibt den Zug gerade verstorbener Seelen gen Himmel und ihre Diskussionen mit dem Torwächter Petrus darüber, ob sie würdig seien, eingelassen zu werden. Dabei rühmt Guarna zunächst sowohl den seit

1513 amtierenden neuen Papst, Leo X., als auch dessen Vorgänger Julius II. in höchsten Tönen. Durfte in der Satire von *Julius vor der verschlossenen Himmelstür* der Pontifex den Himmel nicht betreten, so verkehrt Guarna in sicher bewußter intertextueller Referenz diese Situation, indem er Julius unter den Päpsten des Paradieses einen herausgehobenen Platz zuweist. Die Zerstörung von Alt-St. Peter wird sodann als Resultat eines Täuschungsmanövers von Bramante gegen den Papst geschildert. Petrus läßt daher den Architekten nicht in den Himmel, denn: «Du bist es gewesen, der jenen meinen Tempel in Rom niedergerissen hat!» Und auf Bramantes Versicherung, Leo werde den Neubau sicher schnell vollenden, antwortet Petrus vorsichtig, dann solle Bramante doch so lange noch vor der Himmelstür warten. Die Hybris des Architekten zeigt sich aber vor allem in seiner Vision, gleich das ganze Paradies radikal abzureißen und von den Fundamenten an neu, großartiger und bequemer zu erbauen, beginnend mit der Straße, die die Seelen zur Himmelstür führt. Diese solle nicht mehr steil und mühsam, sondern großzügig gewunden und auch zu Pferd passierbar werden. Der Bezug zu Bramantes tatsächlich ausgeführter Wendeltreppe im Vatikanpalast ist offenkundig.

Guarnas Satire, die das Paradies in irdischen Kategorien faßt, funktionierte deshalb besonders gut, weil Rom insgesamt und speziell der vatikanische Hügel mit Peterskirche und Papstpalast von den Zeitgenossen vielfach als ‹ähnlich› oder als Vorausdeutung auf Paradies und *civitas Dei* wahrgenommen wurden. So war der visionäre Übergang von Rom zur Himmelsstadt schon auf der Eingangsseite mehrerer Prachthandschriften von Augustinus' *Gottesstaat* für Nikolaus V. visualisiert worden, wobei der Vatikan besonders prominent im Vordergrund erscheint (etwa Biblioteca Vaticana, Cod. Reg. Lat. 1882, fol. 2r; Paris, Bibliothèque Sainte-Geneviève, ms. 218, f. 2r). Falls Petrus aber nicht gewillt sei, Bramantes Konditionen im Himmel zu akzeptieren, droht der Architekt in Guarnas Text, in die Hölle zu wechseln, wo nach Jahrtausenden des zerstörerischen Feuers seine Neubaupläne sicher hochwillkommen seien.

Der Auftrag, die Decke der Sixtina auszumalen, darf aber

nicht nur im Zusammenhang mit der riesigen Baustelle von St. Peter und dem ebenfalls in diesen Jahren begonnenen substantiellen Um- und Ausbau des Vatikanpalastes gesehen werden. Michelangelo war, als er den Auftrag erhielt, bereits als Bildhauer in Diensten des Papstes: Seit 1505 arbeitete er an dem gigantomanen Projekt eines Grabmals für Julius in der Hauptchorkapelle (Capella Iulia) der neuen Peterskirche. Mit dem Wechsel Michelangelos zur Sixtinischen Decke erfuhr die Arbeit daran die erste längere Unterbrechung; sie sollte schließlich nach mühevollen Jahrzehnten ihren behelfsmäßigen Abschluß mit dem Julius-Grabmal in S. Pietro in Vincoli finden. Die Sixtina profitierte jedoch nicht nur vom Untergang Alt-St. Peters und von der «Tragödie des Grabmals». Das Projekt der Deckenausmalung setzte in der Sixtina selbst eine Bereitschaft zur Zerstörung des Vorhandenen voraus, vergleichbar dem Vorgehen von Julius II. und Bramante bei Alt-St. Peter. Zwar hatte sich im Frühjahr 1504 in der nordöstlichen Ecke der Kapelle ein großer Setzriß in Piermatteo d'Amelias nächtlichem Himmelszelt aufgetan. Allein dieser Schaden wurde wohl noch im Laufe des Jahres mit Ziegelsteinen vermauert und hätte problemlos wieder übermalt werden können. In jedem Fall kann der Riß nicht der eigentliche Grund dafür gewesen sein, die knapp 600 Quadratmeter große, mit kostbarem Blaupigment und Gold verzierte Fläche des auch noch zu Beginn des 16. Jahrhunderts unerreicht detailliert gemalten Himmelsgewölbes für eine Neuplanung radikal zu opfern.

Mühen und Lohn der Arbeit

Gleich das erste überlieferte Dokument für die Idee, Michelangelo die Ausmalung der Sixtina-Decke zu übertragen, führt die Schwierigkeiten vor Augen, mit denen sich die Zeitgenossen wie dann die modernen Interpreten des Vorhabens konfrontiert sahen und sehen. Am 10. Mai 1506 berichtet der wenig bedeutende Architekt und Bildhauer Piero Rosselli aus Rom an den befreundeten Michelangelo in Florenz von einem Gespräch zwischen ihm, Bramante und Papst Julius II.: «[...] am Samstag

Abend, der Papst war beim Essen, legten Bramante und ich ihm einige Zeichnungen zur Begutachtung vor. Als der Papst gegessen und ich sie [die Zeichnungen] ihm gezeigt hatte, schickte er nach Bramante und sagte zu ihm: ‹Sangallo geht morgen früh nach Florenz und wird Michelangelo mit zurückbringen.› Bramante antwortete dem Papst und sagte: ‹Heiliger Vater, das wird nichts werden – ich habe es bei Michelangelo schon mehrfach versucht, und er hat mir immer und immer wieder geantwortet, daß er nicht an der Kapelle arbeiten wolle› und daß Ihr [Michelangelo] ihm [Bramante] diese Aufgabe [der Ausmalung] übergeben wolltet; und daß Ihr folglich an nichts anderem arbeiten wolltet als am Grabmal, nicht aber in Malerei. Und er sagte weiter: ‹Heiliger Vater, ich glaube, Michelangelo fehlt der Mut zu der Aufgabe, da er noch nicht allzu viele Figuren gemacht hat und vor allem da die Figuren sehr hoch und in Verkürzung anzubringen sind, und das ist eine andere Sache, als auf der Erde zu malen.› Darauf antwortete der Papst und sagte: ‹Wenn er nicht kommt, tut er mir unrecht, daher glaube ich, daß er auf jeden Fall zurückkommt!› In diesem Moment mischte ich mich ein und beschimpfte ihn [Bramante] aufs Gröbste.»

Spätestens im April 1506 kursierten also Überlegungen, die Decke der Sixtina ganz neu ausmalen zu lassen und den Auftrag dafür an den zu diesem Zeitpunkt gerade 31jährigen Michelangelo zu vergeben. Fast genau ein Jahr zuvor hatte dieser die Arbeit an seinem großen Fresko der *Anghiari-Schlacht* im Florentiner Palazzo Vecchio abgebrochen, um in Rom den Auftrag für das gigantische Grabmal Julius II. anzunehmen. Die Entwürfe dieser Zeit sahen dafür allein rund 40 monumentale Marmorfiguren vor. Ein Jahr später, 1506, war noch nicht einmal der komplette Marmor für das Projekt in Rom angekommen. Angesichts immer neuer Geldforderungen Michelangelos scheint Julius kurzfristig die Geduld verloren und den Bildhauer durch ein mehrfaches Abweisen der Zahlungen brüskiert zu haben. Michelangelo floh möglicherweise am Tag der Grundsteinlegung von Neu-St. Peter, dem 18. April 1506, oder tags darauf nach Florenz. Der Papst war aber nicht wirklich verärgert und hoffte – wie der Brief Rossellis belegt –, daß Michelangelos

Freund, der Florentiner Architekt Giuliano da Sangallo, den Künstler wieder zur Vernunft und schnellstmöglich zurück nach Rom bringen würde. Denn schon vor diesem Zwischenfall hatten die gravierenden Verzögerungen des Grabmalprojektes dem 65jährigen Papst eindringlich vor Augen geführt, daß er angesichts seines Alters nach einer schnelleren Alternative suchen mußte, um seinen Namen auch mit einem künstlerischen Projekt ersten Ranges in die Annalen einzuschreiben. Was lag da näher, als sich in dem zu diesem Zeitpunkt wichtigsten Raum der Christenheit zu präsentieren?

Dies dürfte letztlich der Auslöser für die Idee zur Neuausmalung der Sixtina-Decke gewesen sein. Zugleich schloß Julius damit nahtlos an die Familientradition seines Onkels an, der nicht nur die Erneuerung der Sixtina mit Hochdruck betrieben, sondern wenig zuvor ebenfalls eine Grabkapelle in St. Peter hatte errichten lassen. Die große Zahl von Mitarbeitern Michelangelos, mit der man beim konkreten Arbeitsbeginn 1508 zunächst plante, aber auch die für Michelangelos Verhältnisse überraschend schnelle Ausführung der kompletten Decke in nur vier Jahren sprechen ebenfalls dafür, daß hier – wie schon unter Sixtus IV. – gegen den drohenden Tod des Auftraggebers angearbeitet wurde, wobei man den Wettlauf mit der Zeit eben nur um wenige Wochen gewann. Die Arbeiten am Grabmal wurden daneben offiziell stets weitergeführt. Die Fresken in der Sixtina sind in diesem Horizont zunächst als ‹Zwischenauftrag› zu verstehen. Gerechtfertigt wurde die Zerstörung der vorhandenen Fresken mit einer verbesserten Ausschmückung der Kapelle und größerer ‹Kunst›, durch welche die religiöse Wirkung und Majestät des Ortes noch gesteigert würden.

Dies führt auch ein Blick auf die Kosten vor Augen, wenngleich solche Zahlen immer mit Vorsicht zu lesen sind. Für den Bau der Capella Iulia wurden 1513 Ausgaben in Höhe von rund 20 000 Dukaten geschätzt, für das Grabmal in ihrer Mitte nochmals 10 500. Für die gesamte Sixtina-Decke wurden dagegen 1508 ‹nur› 3 000 Dukaten vertraglich vereinbart und bis 1512 wohl rund 3 200 ausbezahlt. Allerdings überstieg dieser im Vergleich zum Grabmal bescheiden erscheinende Betrag das

Honorar für entsprechend umfangreiche Freskenmalereien des 15. Jahrhunderts (etwa von Ghirlandajo in Florenz) wohl um knapp das Dreifache! Michelangelos Stellung als Ausnahmekünstler zeigte sich auch an einer Ausnahmebezahlung. In Verbindung mit seinem anspruchslosen Lebensstil war er in der Lage, rund 2000 Dukaten des Honorars für die Sixtina anzusparen. Die Aufträge Julius' II. legten so den Grundstein für den beträchtlichen Reichtum, den Michelangelo im Laufe seines Lebens anhäufte.

Rossellis Brief von 1506 wird von einem Großteil der Forschung vor allem auch als Zeugnis für die Feindschaft zwischen Michelangelo und Bramante und deren Konkurrenz bei den päpstlichen Kunstprojekten gelesen. Und die Michelangelo-Biographien von Vasari (1550/^{2}1568) und Ascanio Condivi (1553) scheinen dies zu bestätigen: Dort wird das Geschehen mit Varianten so kolportiert, daß der wesentlich ältere Architekt und Maler Bramante durch den Auftrag für das Deckenfresko Michelangelo aus Neid von dessen ‹eigentlicher› Disziplin, der Bildhauerei, habe abbringen wollen und gehofft habe, daß sich der unerfahrene Emporkömmling damit blamiere. Daß das Verhältnis des menschlich schwierigen Michelangelo zu Bramante angespannt war, was im Laufe der weiteren Arbeiten im Vatikan zur offenen Auseinandersetzung führte, daß die Situation der Künstler im Vatikan überhaupt Konkurrenzen provozierte, steht außer Frage. Allerdings überformten und veränderten die Biographien von Vasari und Condivi die Ereignisse aus dem Rückblick über Jahrzehnte hinweg stark. Deren weiterer Hinweis etwa, Michelangelo selbst habe Raffael an seiner Stelle für den Auftrag vorgeschlagen, entbehrt jeder Grundlage, war Raffael zu diesem Zeitpunkt doch noch gar nicht in Rom angekommen. Außerdem bemühte sich der späte Michelangelo intensiv darum, sich selbst zu einem möglichst voraussetzungslosen, frühbegabten Ausnahmekünstler zu stilisieren, wozu auch gehörte, eine mögliche Vorbildfunktion Bramantes zu bestreiten.

Dabei hätte man im Jahr 1506 durchaus auf die Idee kommen können, Bramante selbst sei eigentlich der ideale Kandidat für die Ausmalung der Decke, galt er doch als Meister kompli-

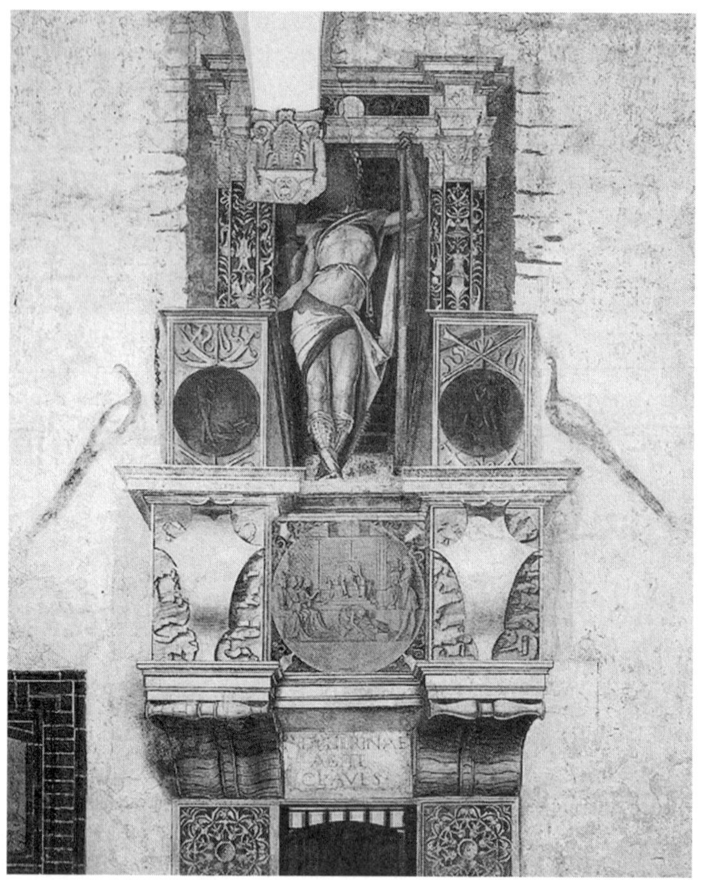

8 Bramante, Argus-Fresko, um 1490/93, Mailand, Castello Sforzesco, Sala del Tesoro

zierter Perspektivkonstruktionen. Bramantes nur fragmentiert erhaltenes Argus-Fresko in Mailand zeigt jedenfalls in der Kombination von Scheinarchitektur, fingierten Bronzetondi und einer scheinbar lebendigen Figur unter den Fresken der Zeit um 1500 die engsten Parallelen zu Michelangelos späterer Deckenlösung (Abb. 8). Und zumindest Benvenuto Cellini überliefert (freilich ebenfalls erst in den 1560er Jahren) genau dies: Bramante habe eigentlich die Sixtina ausmalen sollen. Das mag zutreffen oder auch nicht. Der 64jährige Meister, der seit kurzem mit den drei Großbaustellen des Vatikans – der Peterskirche, dem Palast und dem Belvedere – beschäftigt war, kam allerdings nicht ernsthaft in Frage. Daß die Wahl letztlich auf Michelangelo fiel, hatte sicher mehrere Gründe. Er war in Florenz in Freskomalerei ausgebildet worden und hatte dort kurz zuvor mit der *Anghiari-Schlacht*, die als Konkurrenzbild zu Leonardo da Vincis *Schlacht von Cascina* entstehen sollte, einen der prestigeträchtigsten Aufträge der Zeit erhalten. Er war außerdem in Rom bereits als Bildhauer für den Papst tätig, der an den überdimensionierten Projekten und dem neuen, heroischen Stil Michelangelos offenbar großen Gefallen fand. Andererseits konstatierte Bramante zu Recht, daß Michelangelo «noch nicht allzu viele Figuren gemacht» habe, zumal Figuren, die «sehr hoch und in Verkürzung anzubringen sind». Gar nicht polemisch, könnte Bramante damit ziemlich präzise Michelangelos tatsächliche Anfangsbedenken benennen, die Aufgabe zu übernehmen.

Liest man vor diesem Hintergrund nochmals Rossellis Brief und Bramantes Behauptung, Michelangelo fehle der Mut zu dem neuen Projekt, dann läßt sich das Schreiben weniger als Ausdruck tiefer Künstlerfeindschaft denn als genau kalkulierte Provokation verstehen (quasi als Ergänzung des ‹guten Zuredens› durch den Freund Giuliano da Sangallo), um Michelangelo doch noch für das Projekt zu gewinnen. Michelangelo hatte sich seinen Namen ja unter anderem kurz zuvor (1501–1504) mit dem marmornen *David* in Florenz gemacht – einer bildhauerischen Tour de force, deren Wagemut Michelangelo selbst an mehreren Stellen thematisierte. So blieb ihm eigentlich gar nichts anderes übrig, als auf die Unterstellung Bramantes hin den Beweis des Gegenteils anzutreten. Dabei scheint sogar möglich, daß selbst der Briefschreiber und «charisimo fratello» Michelangelos, Rosselli, in den Plan eingeweiht war, profitierte dieser doch wenig später von dem Auftrag, indem er das Gerüst für die Sixtina-Decke mit aufbauen und die Malfläche vorbereiten durfte. Und wenn Michelangelo dem Propheten Joel im ersten ausgemalten Joch der Decke tatsächlich die Porträtzüge Bramantes verlieh (die Ähnlichkeit zu Bramantes Bildnis in Vasaris *Viten* ist jedenfalls bedenkenswert), dann würde dies dafür sprechen, daß Michelangelo zumindest noch bis 1510 Bramante als Künstlerkollegen hoch respektierte.

Das gewünschte Resultat wurde jedenfalls erzielt: 1507 arbeitete Michelangelo bereits wieder für Julius II., allerdings zunächst an der Bronzestatue, die nach der Rückeroberung Bolognas für den Kirchenstaat dort als Triumphmonument des Papstes aufgestellt wurde. Unmittelbar nach ihrer Fertigstellung hoffte Michelangelo nochmals kurz, nach Florenz und an den Grabmalsauftrag zurückkehren zu können. Aber schon vor dem 23. April 1508 war er wieder in Rom, und bereits am 10. Mai notierte er in sein Tagebuch, daß er «heute mit der Arbeit» an der Decke begonnen habe (sicher nicht mit dem Freskieren, sondern nur mit den Vorbereitungen), die in den folgenden vier Jahren alle seine Arbeitskraft in Anspruch nehmen sollte.

Zwei praktische Fragen, die gleichwohl für die Chronologie der Ausmalung und für Michelangelos Selbstverständnis aufschlußreich sind, müssen hier zunächst geklärt werden: die nach den Mitarbeitern und die nach dem Arbeitsgerüst. Zu Michelangelos Helfern geben die Biographien von Vasari und Condivi unterschiedliche Auskünfte. Nach Condivis Schilderung vollbrachte Michelangelo im Prinzip die gesamte Malerei allein. Darin ist der von Michelangelo selbst forcierte Versuch zu erkennen, ihn zum einsamen, unerreichbaren Künstler-Heroen zu stilisieren. Laut Vasari standen Michelangelo dagegen fünf Mitarbeiter aus Florenz zur Seite – daß es ausschließlich Florentiner waren, paßt gut zum ‹Lokalpatriotismus› Vasaris. Selbstverständlich stellte Michelangelo spezialisierte Handwerker für den Aufbau des Gerüsts und die Vorbereitung der Wandfläche ein, wobei er selbst für solche vermeintlich untergeordneten Aufgaben ihm vertraute Personen engagierte, die er teils sogar aus Florenz kommen ließ. Durchgehend waren mit Sicherheit auch mehrere (vier?) Werkstattburschen beschäftigt, die Farben rieben, die Kartons beim Durchpausen an der Wand festhielten, für Erledigungen das Gerüst hoch- und hinunterstiegen usw. – dies waren aber keine ausgebildeten Maler. Gut dokumentiert ist schließlich, daß Michelangelo bereits Ende April 1508 zunächst fünf weitere Maler zu ‹Einstellungsgesprächen› aus Florenz anreisen ließ, sehr wahrscheinlich auf dringenden Wunsch des Papstes, der auf größtmögliche Schnelligkeit bedacht war. Francesco Granacci, Michelangelos Freund aus Gesellenzeiten bei Ghirlandajo, scheint ihm in Florenz mit der Anwerbung und dann in Rom als eine Art ‹Projektleiter› geholfen zu haben. Es handelte sich um Aristotile da Sangallo, Giuliano Bugiardini, Jacopo di Sandro, Jacopo gen. L'Indaco und Agnolo di Donnino. Ob dies die einzigen Maler-Mitarbeiter waren, muß offen bleiben.

Der Befund der Fresken nach der letzten Restaurierung verdeutlicht kaum überraschend, daß die Scheinarchitekturen, Ornamente, Inschriften und eine Reihe von Nebenfiguren der Decke nicht alle von Michelangelo selbst freskiert wurden. Bei den Bildfeldern der Mittelachse scheint insbesondere das zuerst gemalte, die *Sintflut*, unter Mithilfe entstanden zu sein. Allerdings lassen sich die stilkritisch ermittelten ‹Hände› bislang nicht überzeugend mit konkreten Namen in Verbindung bringen. Als weitere Schwierigkeit bleibt, daß sich in Michelangelos Kontoauszügen dieser Zeit keine regelmäßigen Abbuchungen für Lohnkosten finden (sollte es der Papst übernommen haben, die Mitarbeiter direkt zu bezahlen?). Insgesamt dürfte aber die in den Details unterschiedliche Erzählung beider Biographen, Michelangelo habe die Geduld mit den Mitarbeitern verloren und sie schließlich weggeschickt, insofern zutreffen, als er mit dem Fortschreiten der Arbeiten und zunehmender Erfahrung wohl immer weniger Helfer einsetzte. Seine schiere Arbeitsleistung an der Decke bleibt jedenfalls auch mit dem Eingeständnis, daß Mitarbeiter beteiligt waren, enorm.

Die Frage nach dem Gerüst nutzten die beiden Biographen erneut, um Bramantes angebliche Feindschaft zu Michelangelo anekdotisch zu untermauern: Bramante, der mit dem Aufbau der Arbeitsplattform betraut gewesen sein soll, habe nämlich bewußt eine unpraktikable, an Seilen aufgehängte Lösung vorgeschlagen. Läßt man diese nachträglichen und in ihrem Wahrheitswert nicht überprüfbaren Künstlerlegenden beiseite, bestanden die Probleme bei dem Gerüst in großer Höhe zunächst darin, die bereits fertigen Fresken des 15. Jahrhunderts nicht zu beschädigen sowie genügend Luft und zumindest etwas Licht von den tiefer liegenden Fenstern an die Decke durchzulassen, so daß ein Arbeiten überhaupt möglich war. Trotz der bei der jüngsten Restaurierung gefundenen Balkenlöcher in der Wand und einer ebenfalls erst seit wenigen Jahren bekannten Skizze Michelangelos zum Gerüst (Florenz, Uffizien, Inv. 18722 F r) ist dessen genaue Konstruktion umstritten. Die Tragebalken setzten über dem umlaufenden Gesims am Ansatz der Stichkappen an und wurden durch Schrägbalken auf dem Hauptgesims darunter abgestützt. Auf dieser lockeren Balkengrundlage saßen wohl Laufgänge und die eigentliche, getreppte Arbeitsplattform auf, die der Wölbung der Decke folgte und einigermaßen leicht zu versetzen war. Michelangelo karikierte sich selbst in der Randzeichnung zu einem Gedicht auf seine miserablen Arbeitsbedingungen dieser Jahre, die ihn zwängen, ständig mit durchgedrücktem Rücken zu arbeiten, den Kopf nach oben, so daß ihm die Farbe ins Gesicht tropfte (Abb. 9).

Die Balkenkonstruktion scheint zusätzlich nach unten hin mit einer Art Abdeckung versehen gewesen zu sein, zum einen wohl um die Würde des Kapellenraums zu wahren und das Herunterfallen von Mörtel, Gerätschaften usw. zu verhindern, zum anderen aber auch, damit niemand Michelangelos Malereien zu früh sehen konnte. Vorstellbar wäre eine solche (abgehängte?) ‹Scheindecke› für den mittleren Teil des Gerüsts, so daß daneben noch Luft und Licht nach oben gelangten. Michelangelo benötigte beim Freskieren dennoch Unterstützung durch Lampen. Die teils intensiv leuchtenden Farben seiner Figuren sind zum Teil wohl auch dieser Lichtsituation geschuldet. Das Gerüst muß jedenfalls die gesamte Kapelle überspannt haben, auch wenn immer wieder behauptet wird, Michelangelo habe zunächst nur die eine Hälfte der Decke vom Eingang aus eingerüstet und dieses Gerüst dann in die andere Hälfte versetzt: Für das Abschlagen des Sternenhimmels und das Vorbereiten der Malfläche mußten alle Stellen erreichbar sein. Als dann mit den Fresken begonnen wurde, galt es als erstes, auf der unregelmäßigen Deckenoberfläche das Grundgerüst der Scheinarchitektur einzupassen und mit Hilfslinien und -markierungen zu fixieren. Auch hierfür mußte die gesamte Decke erreichbar sein. Zudem berichtet der Zeremonienmeister Paris de Grassis am 31. Oktober 1512 erleichtert, daß nun die «drei oder vier Jahre» vorbei seien, in denen die Kapellendecke (und eben nicht nur ein Teil von ihr) «immer bedeckt gewesen war».

Michelangelos selbsttragendes Gerüst ermöglichte es, daß die Kapelle benutzbar blieb – das Zeremoniell in der Sixtina wurde während der gesamten Arbeiten so gut wie möglich fortgesetzt. Daß dies nicht ganz ohne Beeinträchtigungen vonstatten ging, zeigt die Klage der Kardinäle am 10. Juni 1508, die Staub- und Lärmbelästigung sei an diesem Tag unerträglich gewesen. Sehr wahrscheinlich war man zu diesem Zeitpunkt dabei, die alte Deckenbemalung über dem Altarbereich abzumeißeln und die aneinanderstoßenden Zwickelpartien in den beiden östlichen Kapellenecken zu großen, durchgehenden Segelflächen umzugestalten. Alle diese Vorarbeiten waren am 27. Juli beendet, die Decke war bereit für die Fresken. Parallel dazu hatte Michelangelo wohl seit Ende April über mehrere

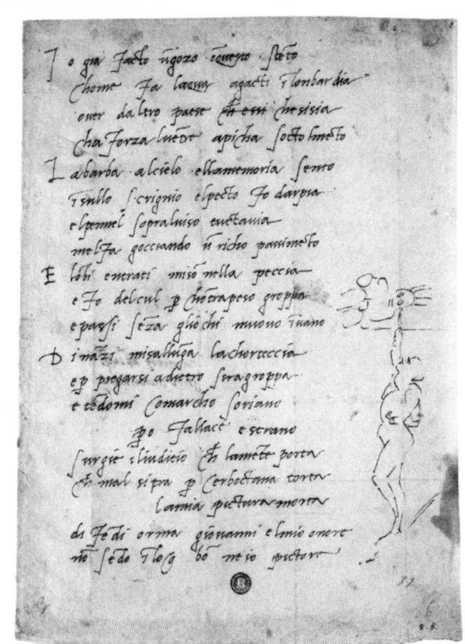

9 Michelangelo, Selbstkarikatur beim Malen an der Decke, 1512 (?), Zeichnung neben einem Gedicht, Florenz, Archivio Buonarroti

Vorversionen hinweg (s. u.) den endgültigen Gesamtplan für die Deckenausmalung entwickelt.

Die Freskierung wurde an der Eingangsseite der Kapelle begonnen, entgegen der späteren ‹Leserichtung› der Fresken, wohl um den Gottesdienst am anderen Ende des Raumes zunächst möglichst wenig zu stören (Abb. VIIa–VIIb). Im August 1510 scheint dann ein Teil der Deckenfresken weitgehend vollendet gewesen zu sein. Dies deutet Michelangelo in Briefen an und schreibt es nochmals 1523 im Rückblick. Außerdem erhielt er zu diesem Zeitpunkt Teilzahlungen für einen «abgeschlossenen Teil» und für neue Gerüstbauarbeiten. Da der Papst Rom jedoch genau zu diesem Zeitpunkt verließ, um Bologna für den Kirchenstaat wiederzuerobern, und erst im Juni 1511 zurückkehrte, sah er die «neuen Malereien, die neuerdings enthüllt worden sind», erst am Vorabend des 15. August 1511, der Vigil zu Mariä Himmelfahrt, dem Patrozinienfest der Kapelle. Während der Abwesenheit von Julius entstand ein Streit über die Bezahlung des Geleisteten, der trotz zweier Besuche Michelangelos beim Papst in Bologna nicht gelöst werden konnte. Von September 1510 bis mindestens Februar oder Juni 1511, wahrscheinlicher sogar bis September diesen Jahres arbeitete Michelangelo aus Protest nicht weiter und «verlor» – nach seinen eigenen Worten – «alle diese Zeit». Erst als der Papst die Angelegenheit geregelt hatte, möglicherweise bei der Audienz, die er Michelangelo am 30. September gewährte, machte sich der Künstler an den verbliebenen Rest. Am 1. Oktober 1512 konnte er schließlich seinem Vater brieflich mitteilen: «Ich habe die Kapelle vollendet, die ich ausmalte. Der Papst ist anhaltend sehr zufrieden mit ihr. Die anderen Angelegenheiten gelingen mir aber nicht, wie ich erwartet habe. Schuld daran sind die Zeiten, die unserer Kunst arg entgegen sind.» Die allerletzten Arbeiten und der Abbau des Gerüstes erzwangen nochmals einige Tage der kompletten Schließung der Kapelle. Für den 31. Oktober berichtet dann Paris de Grassis: «Heute wurde zum ersten Mal unsere Kapelle geöffnet, nachdem ihre Gemälde vollendet waren.» Tags darauf, am 1. November 1512, dem Allerheiligen-Fest, wurde mit einem feierlichen Gottesdienst die neue Kapellenausmalung vorgestellt.

Während die Eckdaten der Ausmalung hinreichend überliefert sind, bleibt umstritten, worum es sich bei dem ‹ersten› und dem ‹zweiten Teil› der Arbeiten handelte: Die ältere These besagt, daß Michelangelo zunächst die eigentliche Deckenwölbung bemalt habe und dann erst in einem zweiten Schritt Lünetten, Stichkappen und Eckzwickel. Dagegen wurde seit Johannes Wilde eine stilistische Veränderung der Genesis-Szenen in den Mittelfeldern der Decke nach der *Erschaffung Evas* ins Feld geführt: Der Stilwandel sei darauf zurückzuführen, daß Michelangelo 1510 die erste Hälfte der Decke erstmals vom Boden aus richtig habe betrachten können und bemerkt habe, daß seine Figuren zu kleinteilig seien. Nachdem die andere Hälfte der Decke eingerüstet worden sei, habe er dann diesen zweiten Teil zum Altar hin in einem Gewaltakt 1511/12 ausgeführt. Die Randfelder wären nach dieser These stets mehr oder weniger gemeinsam mit den Mittelfeldern ausgemalt worden; allerdings läßt sich an den Rändern ein stilistischer Unterschied nicht so eindeutig aufzeigen. Diese Vorstellung vom Arbeitsfortgang scheint nach der jüngsten Restaurierung die Mehrheitsmeinung geworden zu sein.

Auch für die Decke hat die letzte Restaurierung erstmals alle Tagwerke genau erfaßt. Nun läßt sich die Lösung des Problems sicher nicht allein durch Zusammenzählen finden. Deutlich wird aber, daß für die Genesis-Szenen mit den sie begleitenden Bronzetondi, für die Gruppen der Propheten, Sibyllen und Ignudi sowie für die Lünetten, Stichkappen und Eckzwickel jeweils rund 190 Tagwerke notwendig waren. Für die vermeintlich ‹erste Phase› mit zwei Jahren Arbeitszeit wären bis zur *Erschaffung Evas* knapp 300 Tagwerke investiert worden. In der verbleibenden ‹zweiten Phase› von nur einem guten Jahr wären dann nochmals rund 270 Tagwerke abzuleisten gewesen. Hinzuzurechnen sind die wohl mehr als 70 Sonn- und Feiertage im Jahr, an denen nicht gearbeitet wurde, sowie die Zeit, die Michelangelo für Entwürfe und Kartons benötigte (zum Vergleich: die Arbeit der Kurie ruhte an mehr als 140 Tagen des Jahres). Trifft zu, daß Michelangelo erst nach der Papstaudienz Ende September 1511 wieder ernsthaft zu arbeiten begann, scheint es schon rein rechnerisch kaum möglich, daß er und seine Helfer die zweite Hälfte der Decke im verbleibenden kurzen Zeitraum vollendeten. Hätte er dagegen zuerst in zwei Jahren die eigentliche Deckenfläche ausgemalt und in der zweiten Phase innerhalb eines Jahres dann deren Ränder, würden sich die Tagwerke genau im Verhältnis von zwei Drittel zu einem Drittel aufteilen (wobei die Analyse der verwendeten Putzsorten und ihrer Verteilung an der Decke ebenfalls auf dieses Entstehungsmodell hindeutet).

Diese Situation scheint Albertinis auf den 4. Februar 1510 datierter und Julius II. gewidmeter Romführer bereits einige Monate vor Abschluß der ersten Arbeitsphase ganz präzise zu beschreiben – sofern man die Formulierung ernst nimmt: Michelangelo habe «den oberen gewölbten Teil [der Sixtina, aber eben nicht den ‹unteren› gewölbten Teil] mit sehr schönen Bildern und mit Gold [den Tondi?] geschmückt». Diesen Arbeitsablauf scheint auch Michelangelo selbst im Rückblick 1523 anzudeuten. Condivis spätere Angabe, die Decke sei «in zwanzig Monaten» gemalt worden, erweist sich so ebenfalls als weitgehend korrekt. Sieht man dies mit Condivis weiterem Bericht zusammen, der Papst habe angeordnet, die Decke zu enthüllen, nachdem Michelangelo die Hälfte gemalt hatte, dann würde dies bedeuten, daß Michelangelo nach einem Jahr Arbeit, also Ende 1509, dem ungeduldigen Julius sein bis dato erzieltes Ergebnis (gut die Hälfte der Deckenfläche ohne die Ränder, rund 200 Tagwerke) vorführte; danach hätte er dann seinen Stil modifiziert und die Ausführung beschleunigt. ‹Enthüllen› hätte in diesem Fall nicht bedeutet, das komplette Gerüst abzubauen, sondern schlicht die Schutzdecke zu entfernen.

Wenn dagegen Michelangelo seinem Vater am 5. und 7. September 1510 berichtet, der Papst schulde ihm 500 Dukaten, die er benötige, um den «anderen Teil meines Werkes» fortzusetzen und «das Gerüst zu machen», läßt sich dies problemlos mit den ersten Planungen für die Randfelder der zweiten Phase verbinden, für die nun direkt am Deckenansatz Arbeitsplattformen angebracht werden mußten. Wichtig ist allerdings die Erkenntnis der Restauratoren, daß sich nicht nur im Hauptfeld der

Decke die Arbeitsweise veränderte, sondern daß auch bei den Randfeldern Ähnliches nachweisbar ist: ein erhöhtes Arbeitstempo (was allerdings nicht für die beiden sehr aufwendig gearbeiteten Eckzwickel über dem Altar gilt) sowie ein Wechsel in der Technik des Übertragens der Kartons (die Lünetten wurden jedoch allesamt weitgehend freihändig angelegt). Auch einige ornamentale Details ändern sich, wenngleich es auch hier Unregelmäßigkeiten gibt. Nach der hier favorisierten Vorstellung von der zweiten Arbeitsphase müssen die Ränder der Decke aber gar nicht zwingend Joch für Joch vom Eingang Richtung Altar bemalt worden sein, sondern möglicherweise wurden gleich halbe Wandabschnitte auf einmal vorbereitet und ausgeführt; zudem dürfte auch in der zweiten Arbeitsphase gegen Ende der Termindruck gewachsen sein, so daß sich die Veränderungen in den Randfeldern auch anders erklären ließen als durch die Zäsur zwischen den beiden Arbeitsphasen.

Ohne diese Fragen zur Binnenchronologie hier definitiv klären zu können: Ungeachtet des Lamentos von Michelangelo gegenüber dem Vater über die angeblich widrigen Zeiten erfüllten seine Fresken 1512 die kühnsten Hoffnungen des Papstes, ein Monument herausragender Kunstpatronage zu hinterlassen. Denn Michelangelo legte mit ihnen – von «Julius II. mit beträchtlichen Geldsummen [...] herbeigerufen», wie Paolo Giovio um 1527 in der frühesten Michelangelo-Biographie festhielt – ein der Antike ebenbürtiges «Zeugnis seiner vollkommenen Kunst ab, indem er das ungeheure Werk in kurzer Zeit vollbrachte».

«Zeugnis vollkommener Kunst»

Mindestens so kompliziert wie die konkrete Ausführung stellt sich der formale und thematische Konzeptionsprozeß der Decke dar. Michelangelo selbst schreibt dazu rückblickend 1523: «[...] Papst Julius wollte, daß ich nicht weiter am Grabmal arbeitete, sondern die Decke von Sixtus ausmalte; und wir haben 3000 Dukaten dafür vereinbart. Die erste Zeichnung [d. h. der erste Entwurf] dieses Werkes zeigte zwölf Apostel in den Lünetten

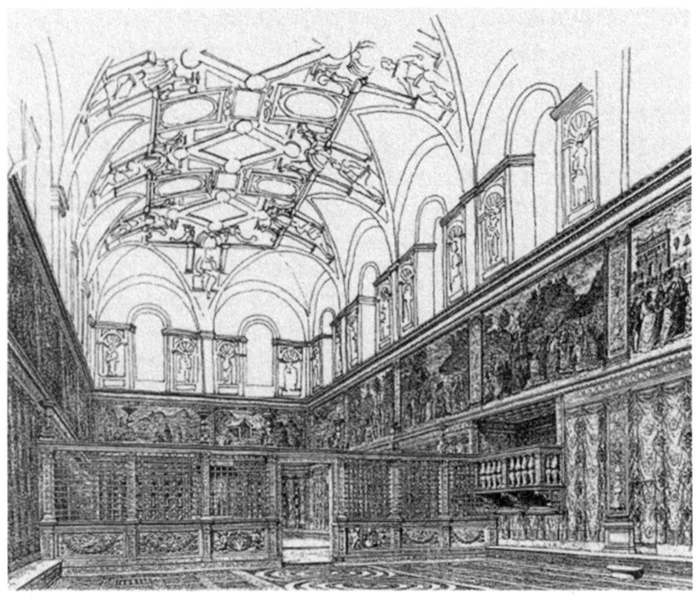

10 Zwei Planungsstufen Michelangelos für die Sixtinische Decke, 1508 (Rekonstruktion und Ausführung Ch. L. Frommel/H. Schlimme/J. Kraus 1990/94)

und den Rest mit einer bestimmten Aufteilung gefüllt mit Ornamenten, wie es üblich war. Dann, als ich besagtes Werk begonnen hatte, schien es mir eine arm[selig]e Sache zu werden, und ich sagte dem Papst, daß – sollte ich nur die Apostel ausführen – es eine arm[selig]e Sache würde. Er fragte mich, wieso. Ich antwortete ihm: ‹Da auch sie arme Leute waren.› In der Folge gab er mir einen neuen Auftrag, daß ich das machen sollte, was ich wollte und was mich zufriedenstellen würde, und daß ich bis zu den Ereignisbildern darunter malen sollte.»

Drei erhaltene Zeichnungen Michelangelos (British Museum, inv. 1859-6-567 und inv. 1887-5-2-118 v; Detroit Institute of Arts 27.2. r) bestätigen, daß die heute zu sehende Lösung erst nach mehreren Entwurfsschritten und teils radikalen Änderungen erreicht wurde. Julius II. schwebte bei seinem Auftrag zunächst eine Kombination aus zwölf Apostelfiguren und einer

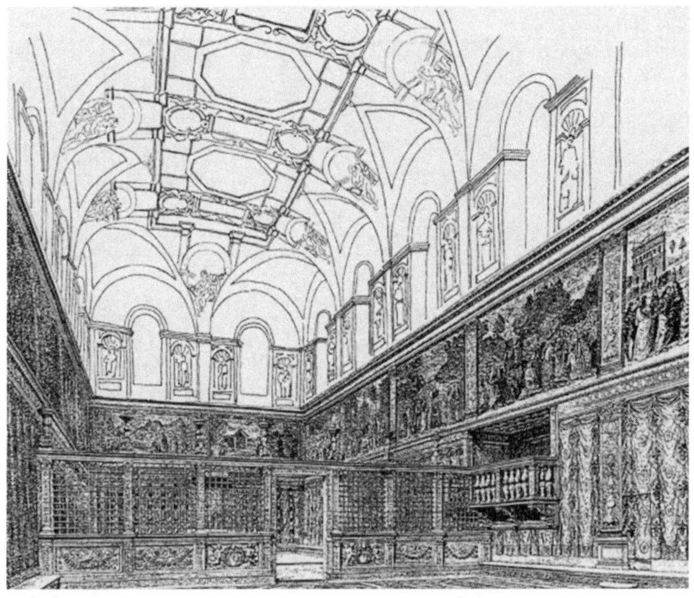

ornamentalen Aufteilung des restlichen Gewölbes vor. Die beiden Elemente für sich, Einzelfiguren wie antike Ornamente, waren gehobener Standard bei sakralen Ausstattungen der Jahrzehnte um 1500. Dafür genügt ein Blick an die Decke der Cappella Brizio in Orvieto von Fra Angelico und Signorelli, an die Florentiner Decken Ghirlandajos und an die Decken Pinturicchios im Vatikan selbst, aber etwa auch in der Libreria Piccolomini am Dom von Siena. Michelangelos Ideenfindung ging von Sitzfiguren auf Thronen aus, je fünf an den Längs- und je eine an den Schmalseiten. Er verband die Throne mit einem Gesims und füllte die Zwischenräume mit Rauten- und Kreiskompartimenten. In einem zweiten Schritt wurden die Throne besser in das sie umgebende Gerüst eingebunden und die Deckenabschnitte durch breite und schmale ‹Joche› rhythmisiert. Die von Michelangelos flüchtigen Skizzen ausgehenden Rekonstruktionsversuche lassen dabei drei fundamentale Probleme erahnen (Abb. 10): Die Ornamentfelder wurden immer größer,

11 Michelangelos Fresken an der Decke der Sixtinischen Kapelle

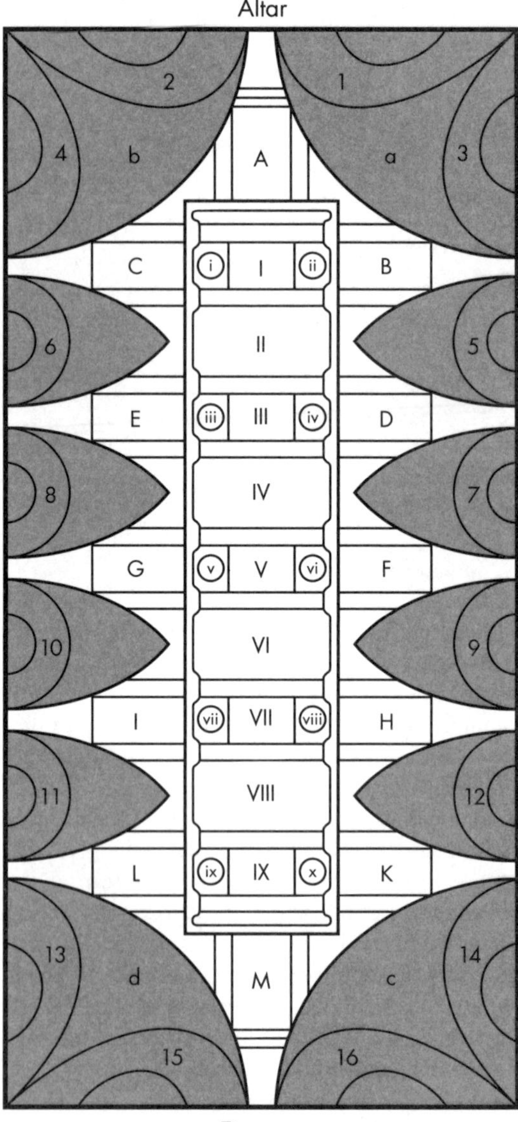

N S

Erste Arbeitsphase, August 1508 – August 1510

Genesis-Szenen

- I Gott trennt Licht und Finsternis
- II Gott erschafft Sonne und Mond/Erschaffung der Pflanzen (?)
- III Gott trennt die Wasser von Himmel und Erde
- IV Erschaffung Adams
- V Erschaffung Evas
- VI Sündenfall und Vertreibung
- VII Opfer Noahs
- VIII Sintflut
- IX Noahs Trunkenheit

Propheten und Sibyllen

- A Jonas
- B Jeremias
- C Libysche Sybille
- D Persische Sibylle
- E Daniel
- F Ezechiel
- G Cumäische Sibylle
- H Erythräische Sibylle
- I Jesajas
- K Joel
- L Delphische Sibylle
- M Zacharias

Tondi

- i Opfer Abrahams
- ii Himmelfahrt des Elias
- iii Tod des Absalom
- iv (nicht fertig ausgeführt: Eliseus heilt Naaman von der Lepra?)
- v Alexander d. Gr. vor dem Hohepriester
- vi Tod des Nikanor
- vii Bestrafung des Heliodor
- viii Mattathias zerstört ein Idol in Modein
- ix Selbsttötung des Razis
- x Sturz des Antiochus Epiphanes

Zweite Arbeitsphase, Juni/September 1511 – Oktober 1512

Eckzwickel

- a Bestrafung des Haman
- b Eherne Schlange
- c David und Goliath
- d Judith und Holofernes

Vorfahren Christi

- 1 Abraham, Isaak, Jakob, Juda (zerstört)
- 2 Phares, Esron, Aram (zerstört)
- 3 Aminadab
- 4 Naason
- 5 Salmon, Booz, Obeth
- 6 Jesse, David, Salomon
- 7 Roboam, Abias
- 8 Asa, Josaphat, Joram
- 9 Osias, Joatham, Achaz
- 10 Ezechias, Manasses, Amon
- 11 Josias, Jechonias, Sealthiel
- 12 Zorobabel, Abiud, Eliachim
- 13 Azor, Sadoch
- 14 Achim, Eliud
- 15 Eleazar, Matthan
- 16 Jakob, Joseph

dominierten die Apostelfiguren und verlangten eigentlich nach einer gewichtigen ‹(Bild-)Füllung› (kleiner angelegt, wären sie dagegen in einem so großen Raum kaum mehr zu erkennen gewesen). Die Sitzfiguren erscheinen in beiden Entwürfen zu wenig monumental und zu ‹ärmlich› – wobei eine Skizze auf der Rückseite der zweiten Zeichnung wahrscheinlich macht, daß bereits in dieser Phase über Sibyllen und Propheten nachgedacht wurde. Vor allem aber wurde Michelangelo deutlich, daß nicht die Figuren, sondern die Scheinarchitektur entscheidend den Zusammenhalt der Decke garantieren würde.

Wenn Michelangelo behauptet, er habe für die endgültige Lösung freie Hand bekommen zu machen, was er wolle, entspricht diese Formulierung exakt derjenigen, die Lorenzo Ghiberti knapp 100 Jahre zuvor verwendet hatte, um zu beschreiben, wie es zum Entwurf für die Paradiestür am Florentiner Baptisterium gekommen war. Dort wissen wir aber, daß es sehr wohl thematische Vorgaben zu den darzustellenden alttestamentarischen Szenen gab. Ghibertis Änderungen zielten vor allem auf die Form und Anzahl der Bildfelder. Auch bei Michelangelo scheint daher am wahrscheinlichsten, daß seine ‹Freiheit› nicht die Wahl der Themen betraf, sondern deren formale Umsetzung und möglicherweise Verteilung. Bei seinen Behauptungen, die Apostel seien für die Lünetten vorgesehen gewesen und er habe die Wand eigentlich bis hinab zu den Ereignisbildern bemalen sollen, dürfte es sich um Flüchtigkeitsfehler handeln.

Der ausgeführte Entwurf geht dann konsequent von einer neuartigen Scheinarchitektur aus, die die Decke illusionistisch erweitert und umdeutet. Tendenzen in diese Richtung etwa bei Melozzo da Forlì und Mantegna sind wesentlich gesteigert und verändert. Die Wölbungsansätze werden negiert und scheinbar ein umlaufendes Attikageschoß über den Lünetten errichtet. Die Wangen der Thronsitze auf dieser Höhe, welche abwechselnd von den monumentalen Propheten- und Sibyllenfiguren besetzt sind, dienen zugleich als Postamente für die sich darüber erhebenden Gurtbogen der rhythmisierten Deckenwölbung. An den Ansätzen der Gurtbogen sitzen jeweils Ignudi – nackte, virtuos bewegte Jünglingsfiguren, die in der Bildfiktion teils eine Girlande aus Eichenlaub, teils Bänder halten, an denen Bronzemedaillons befestigt sind. In die zentralen Deckenjoche scheinen dann ohne jeden Rahmen abwechselnd vier größere und fünf kleinere Bildfelder ‹eingehängt›, wobei die kleineren auf beiden Seiten von den Bronzemedaillons flankiert werden. Auf der Eingangs- wie auf der Altarseite läßt diese gemalte Wölbung schließlich einen schmalen Streifen mit vermeintlichem Ausblick in den blauen Himmel frei.

Insgesamt bezieht sich die Decke perspektivisch nicht auf einen Standpunkt, sondern entfaltet ihre Wirkung am besten sukzessive, wenn man jeweils von einer Seite aus auf den gegenüberliegenden Deckenausschnitt blickt. Bei den Genesis-Szenen wie bei den Propheten und Sibyllen ist eine klare stilistische Entwicklung und ‹Vergrößerung› der Figuren im Laufe der Arbeiten zu beobachten, die der Leserichtung der Decke genau entgegenläuft. Am kleinteiligsten erzählt wird im ersten ausgeführten Bildfeld, der *Sintflut*. Der erste ausgeführte Prophet an der Eingangswand, Zacharias, sitzt noch streng parallel zur Wandfläche, dagegen ist der Jonas an der Altarwand als ‹Kunstfigur› höchsten Schwierigkeitsgrades angelegt und wurde bereits von den Zeitgenossen viel gerühmt. Entgegen der sich tatsächlich nach vorne wölbenden Decke lehnt sich Jonas scheinbar nach hinten und streckt die Beine in den realen Kapellenraum.

Im einzelnen zeigen ausgehend von der Altarwand neun Bildfelder die Genesis von der Schöpfung der Welt bis zur Verspottung Noahs nach der Sintflut (Abb. 11). Die begleitenden fingierten Bronzemedaillons führen die Erzählung von Abraham bis zu den Büchern der Makkabäer fort. Deren Wahl verweist auf Julius, da der Festtag seiner Titelkirche als Kardinal mit demjenigen jener alttestamentarischen Krieger-Priester zusammenfiel. Bei den Szenen spielt zudem der Tempel von Jerusalem eine zentrale Rolle. Ergänzt wird dieser Abschnitt der alttestamentarischen Heilsgeschichte durch die vier Szenen der Errettung des erwählten Volkes in den Eckzwickeln sowie durch das bereits von Michelangelos Vorgängern gemalte Leben des Moses an den Kapellenwänden darunter. Die Figuren der Propheten, die in der Bibel chronologisch an das zweite Makkabäer-Buch anschließen, und der um 1500 populären Sibyllen setzen diese Abfolge fort und betonen die Bezüge zur heidnischen Geschichte. In den Lünetten sind schließlich die Vorfahren Christi nach Matth. 1 aufgereiht. Die ununterbrochene genealogische Abfolge vom Altar bis zum Eingang scheint dabei so wichtig, daß Figuren, die in anderen Szenen der Decke schon vorgekommen sind, wiederholt werden, etwa Abraham oder David. Die Abfolge springt dabei immer im Wechsel über den Kapellen-

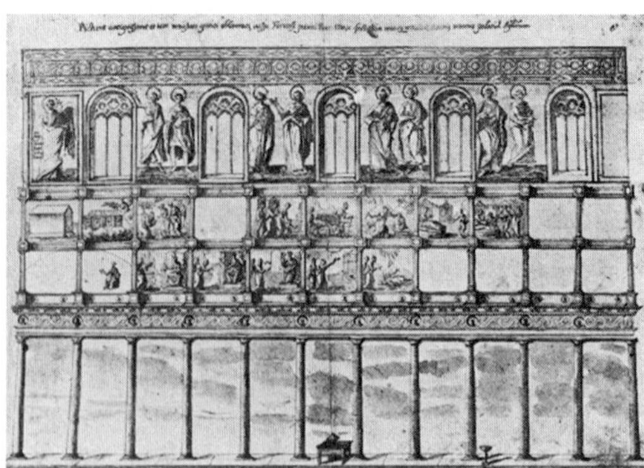

12 (Domenico Tasselli?), Nachzeichnung der nördlichen Mittelschiffswand von Alt-St. Peter, Anfang 17. Jh., Biblioteca Apostolica Vaticana

raum hinweg und verbindet schon durch diese Anordnung die Vorfahren Christi eng mit der Reihe der Päpste darunter. Zu klären wird allerdings sein, warum in der Reihe der Vorfahren den Frauen, die in den begleitenden Inschriften nie namentlich genannt sind, eine so prominente visuelle Rolle eingeräumt wurde.

Bei den ‹Vorbildern› für Michelangelo wurde einmal mehr auf die frühchristlichen und mittelalterlichen Wandmalereien der römischen Basiliken, allen voran Alt-St. Peter (Abb. 12) und St. Paul, verwiesen. In deren Bildausstattung, die heute nur noch durch Nachzeichnungen bekannt ist, fanden sich etwa prominent die Szene der Erschaffung von Adam und Eva oder die Scheidung der Lichter in Sonne und Mond. Zeitlich näher waren Michelangelo die sogenannte Paradiestür des Florentiner Baptisteriums von Lorenzo Ghiberti (‹Paradiestür› wohl deshalb, weil jedes Baptisterium als Ort der Taufe den Weg zum Himmel öffnet), die Marmorreliefs des Jacopo della Quercia am Hauptportal von S. Petronio in Bologna sowie die Propheten und Sibyllen am Bronzegrabmal für Sixtus IV. Für die entlegenen Bibelszenen in den Bronzemedaillons zog Michelangelo die Holzschnitte einer erstmals 1490 in Venedig publizierten italienischen Bibel zu Rate, die nach ihrem Übersetzer als Malermi-Bibel bezeichnet wird. Weitere Figuren – insbesondere die Ignudi – setzen sich mit antiken Statuen, etwa dem *Torso Belvedere*, auseinander.

Vor allem aber eine Gruppe antiker Monumente erweist sich

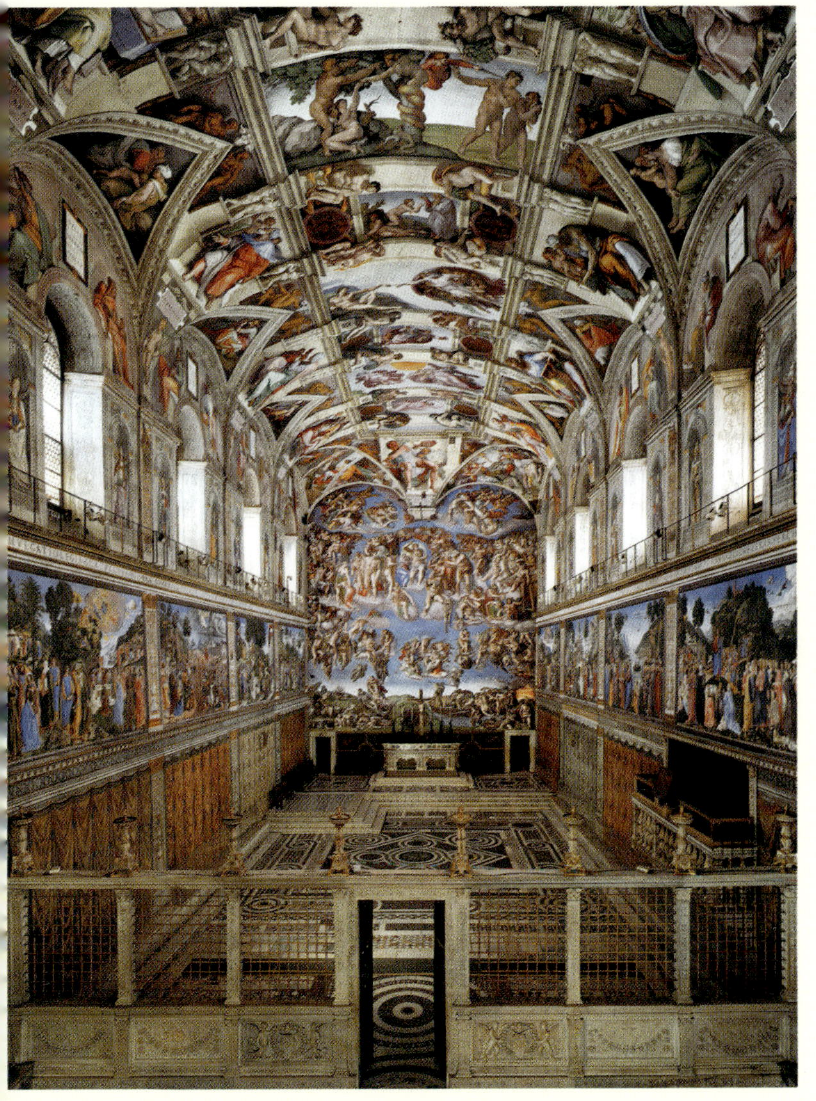

1 Sixtinische Kapelle, Gesamtansicht Richtung Altar

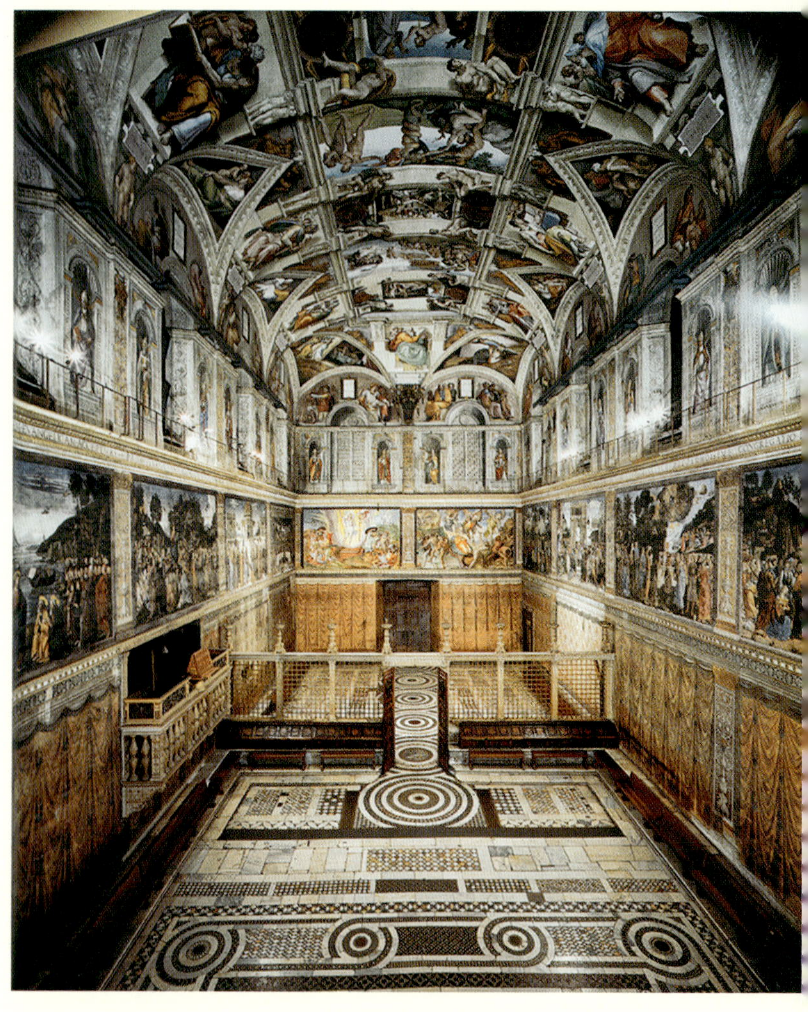

II Sixtinische Kapelle, Gesamtansicht Richtung Eingang

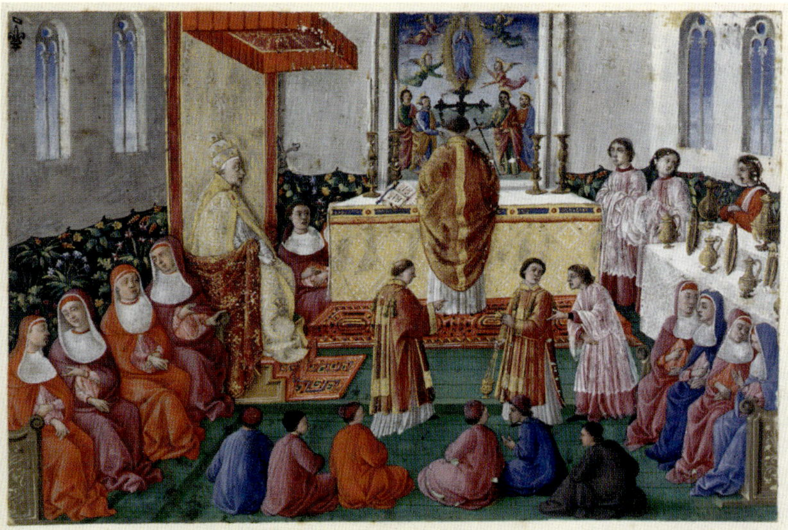

III Messe der päpstlichen Kapelle in der *capella magna*, um 1470/80, florentinische Miniatur, Chantilly, Musée Condé

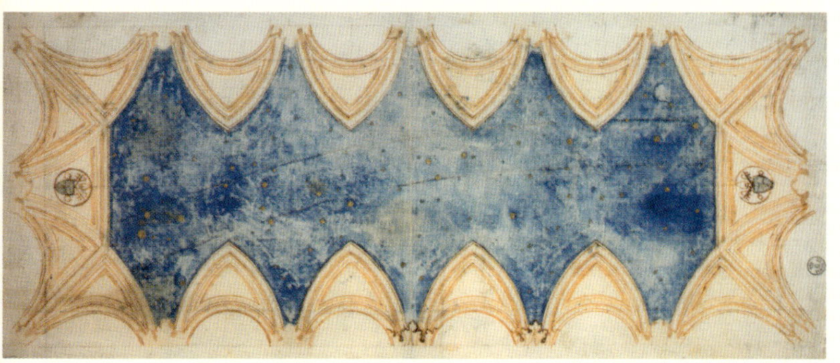

IV Piermatteo d'Amelia, (Vertrags-?)Zeichnung für die Decke der Sixtinischen Kapelle, 1481, Florenz, Uffizien, Gabinetto Disegni e Stampe

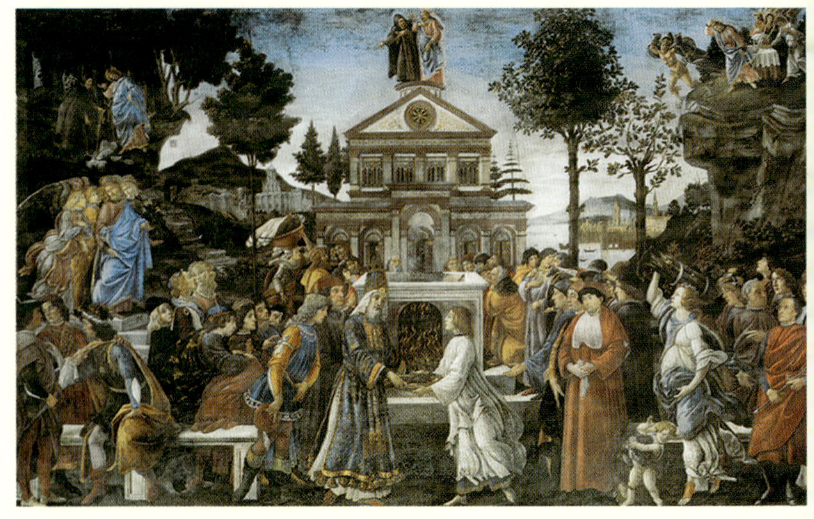

V Botticelli, Versuchungen Christi und Reinigungsopfer, 1481/82, Fresko, Sixtinische Kapelle

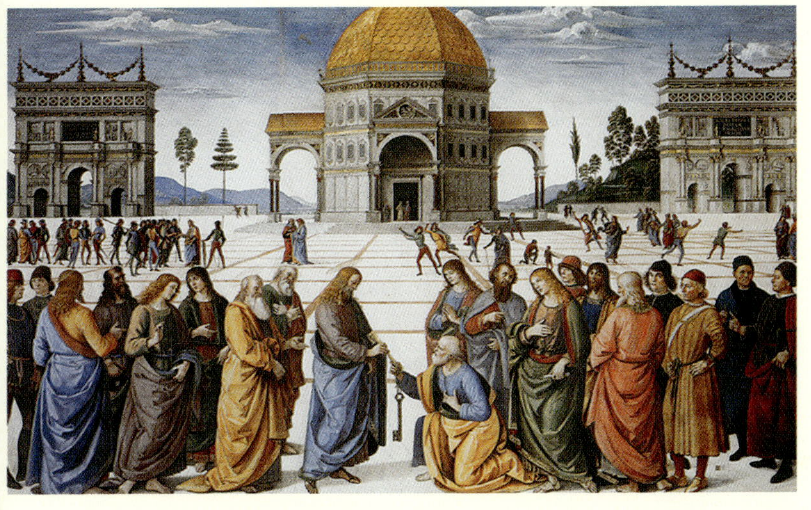

VI Perugino, Schlüsselübergabe, 1482, Fresko, Sixtinische Kapelle

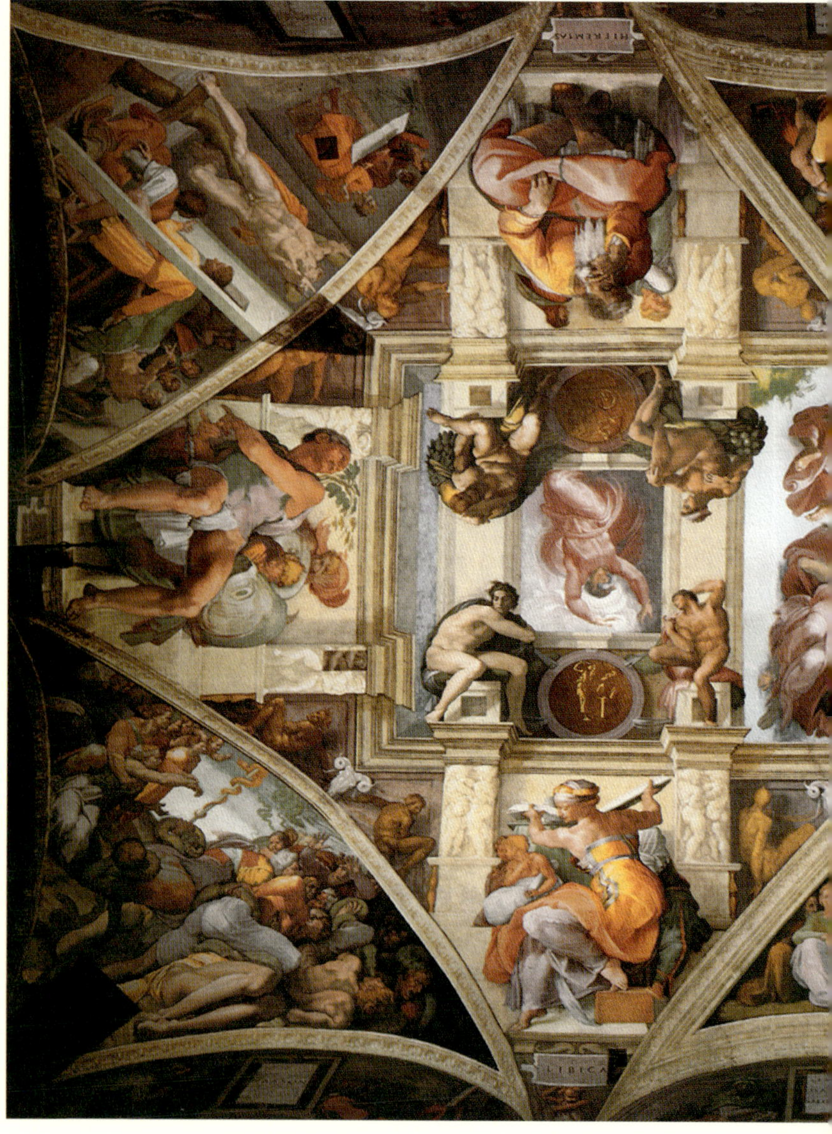
HIEREMIAS
LIBICA

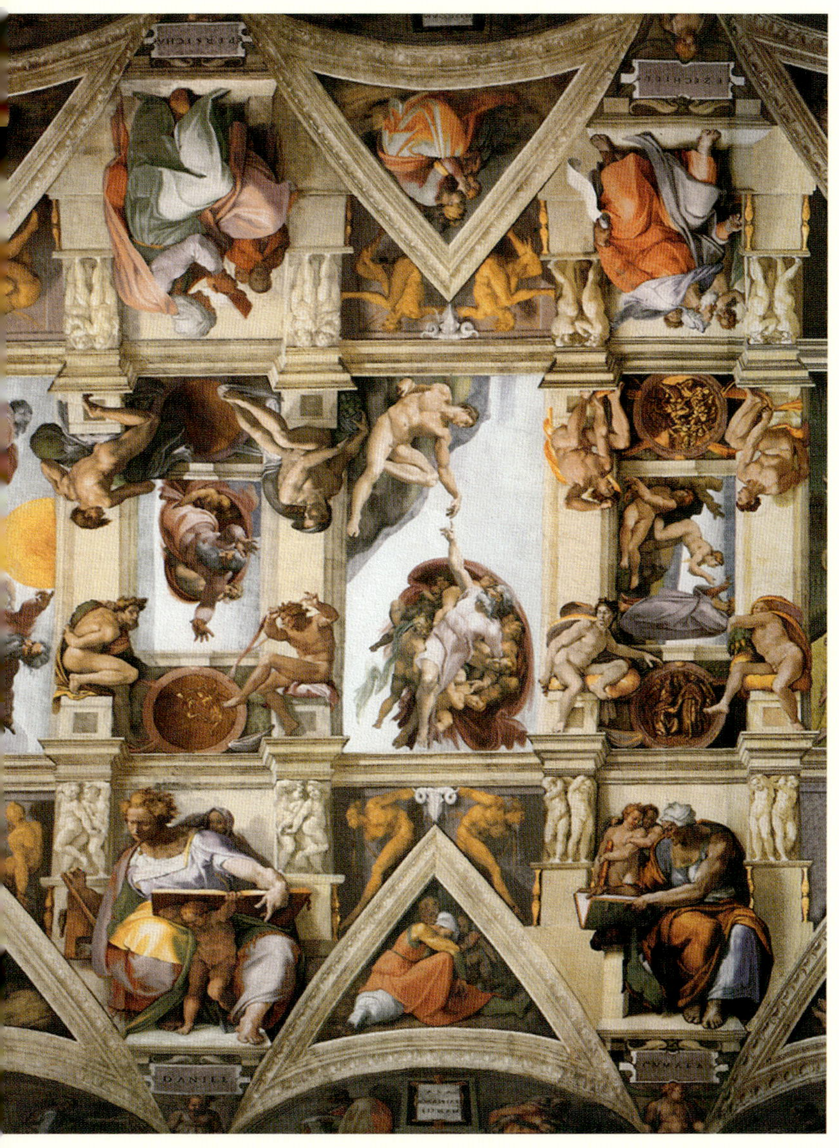

VIIa Michelangelo, Deckenfresko der Sixtinischen Kapelle, 1508–1512 (von der Altarwand bis zur Kapellenmitte)

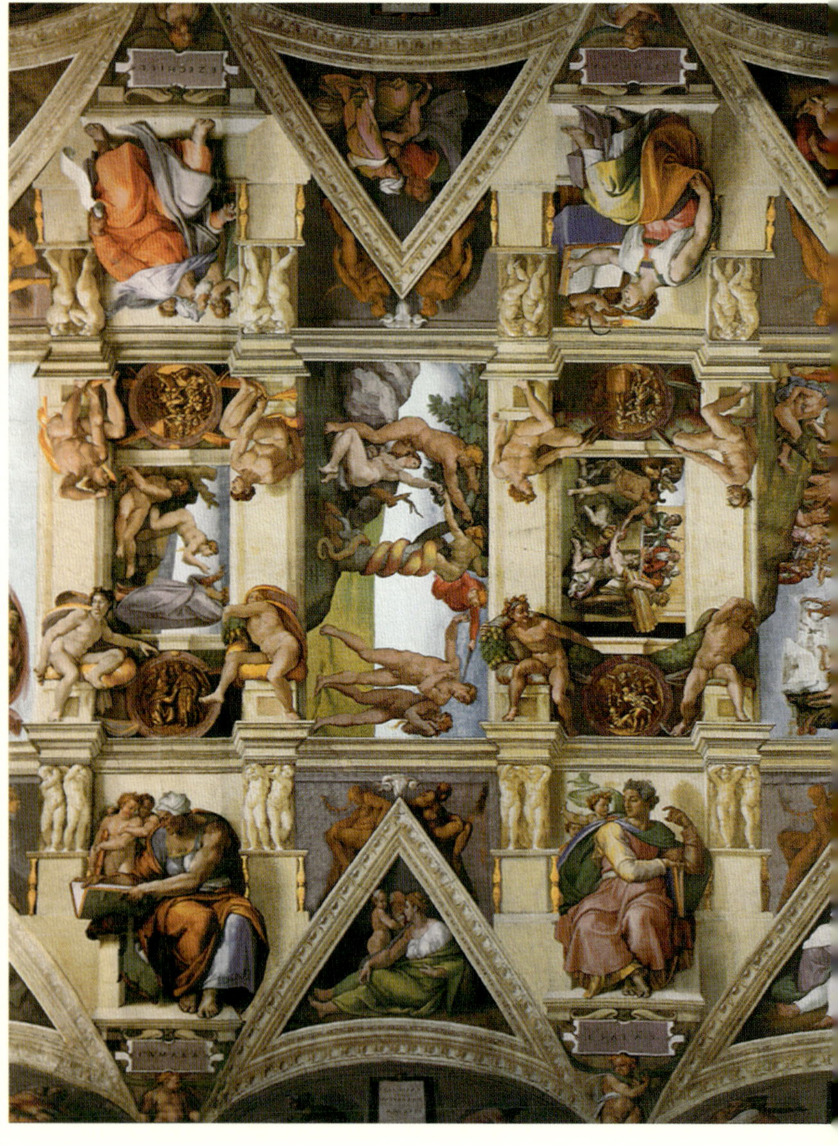

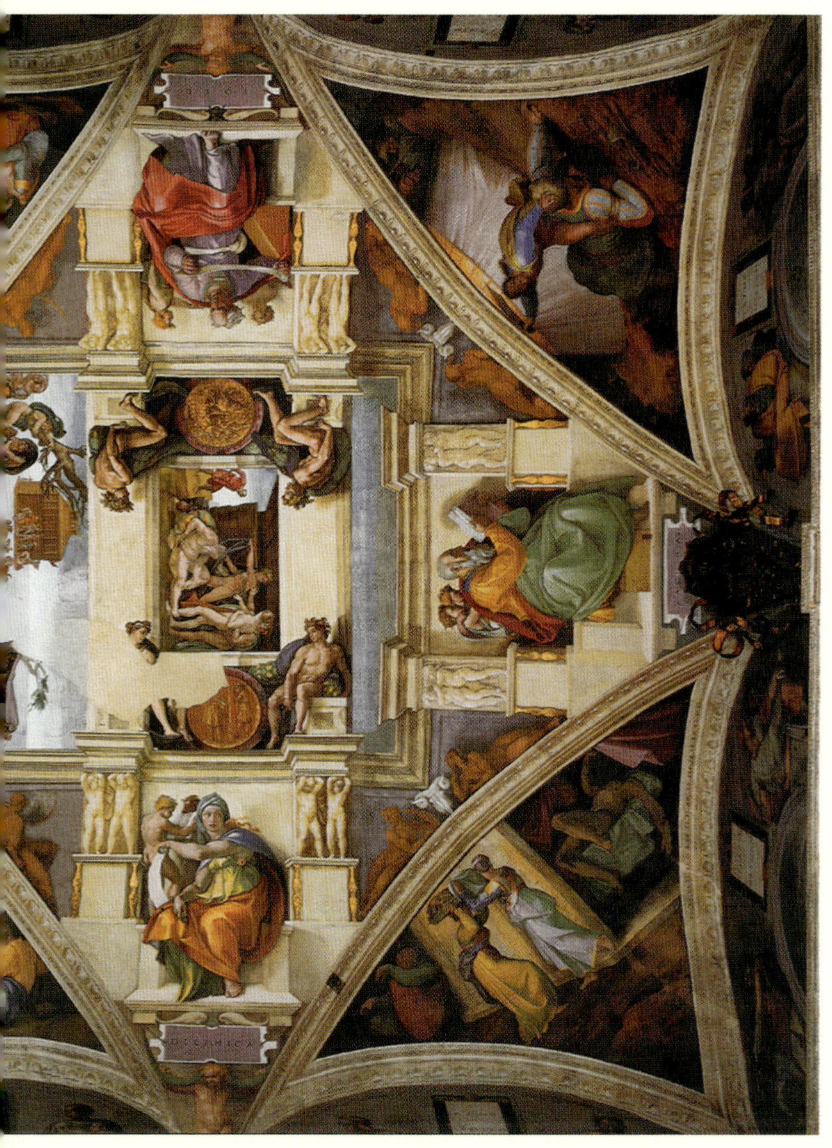

VIIb Michelangelo, Deckenfresko der Sixtinischen Kapelle, 1508–1512 (von der Kapellenmitte bis zur Eingangswand)

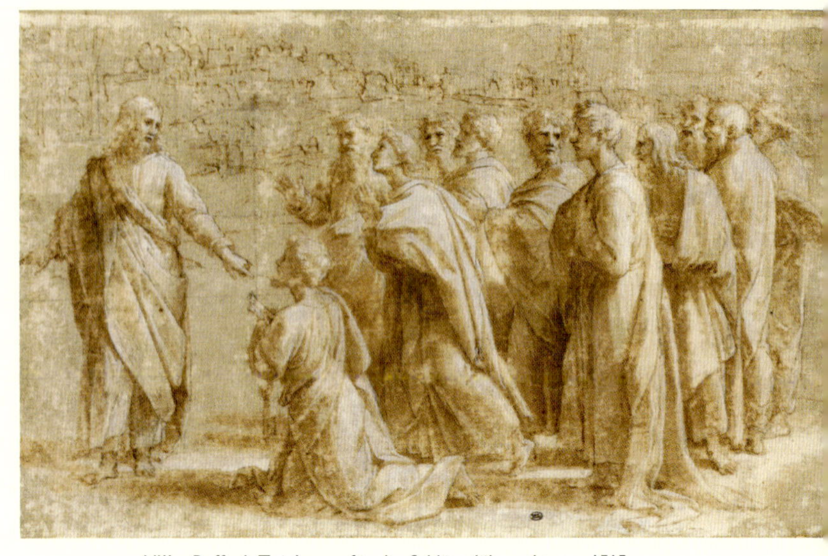

VIII Raffael, Zeichnung für die *Schlüsselübergabe*, um 1515, Paris, Louvre

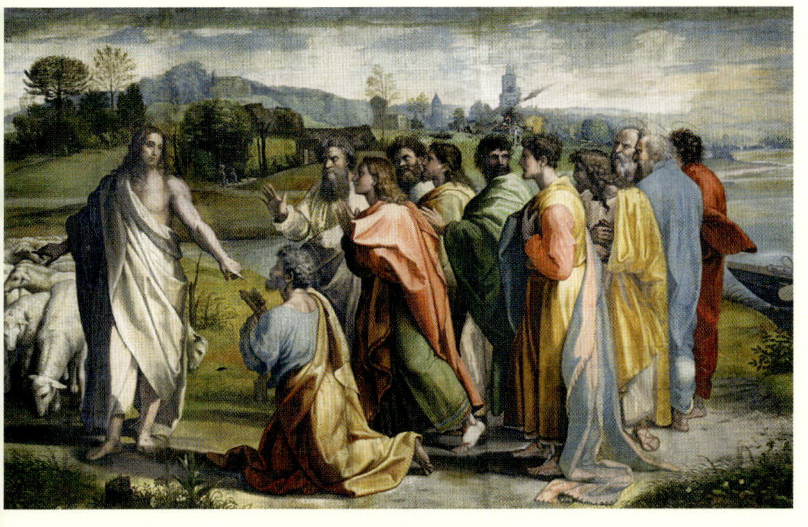

IX Raffael, Karton für die *Schlüsselübergabe*, 1515/16, London, Victoria & Albert Museum

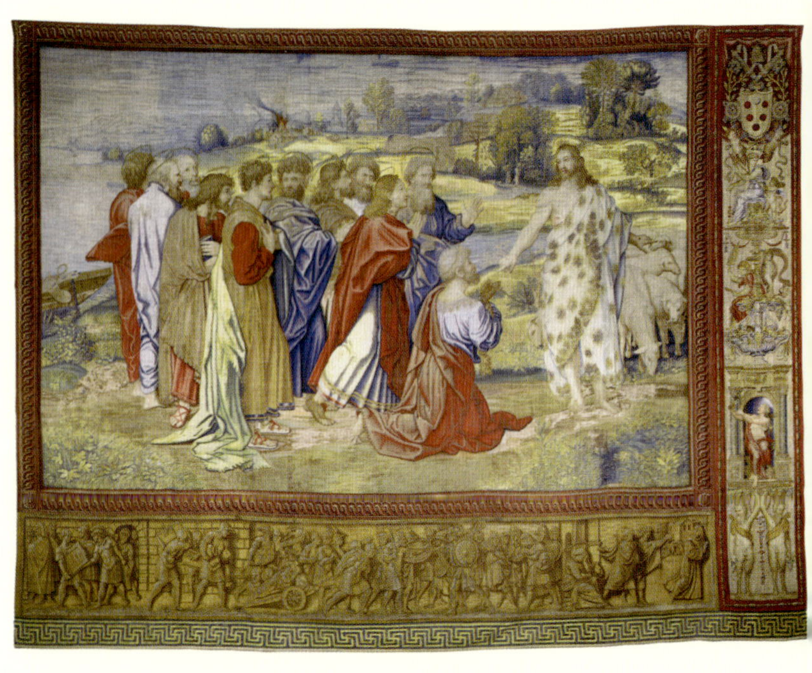

X Pieter van Aelst (nach der Vorlage von Raffael), Schlüsselübergabe, 1516/17, Tapisserie, Vatikanische Museen

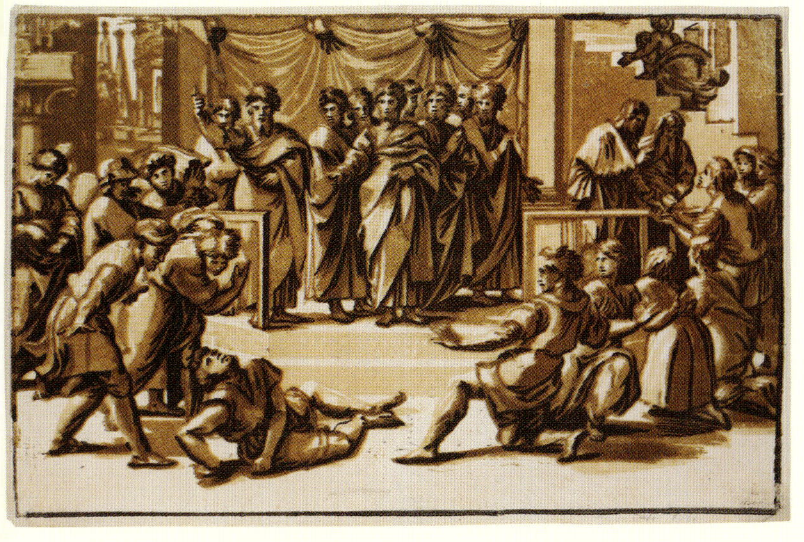

XI Ugo da Carpi, Farbholzschnitt nach Raffaels Entwurf für den Teppich mit dem *Tod des Ananias*, 1518, London, Victoria & Albert Museum

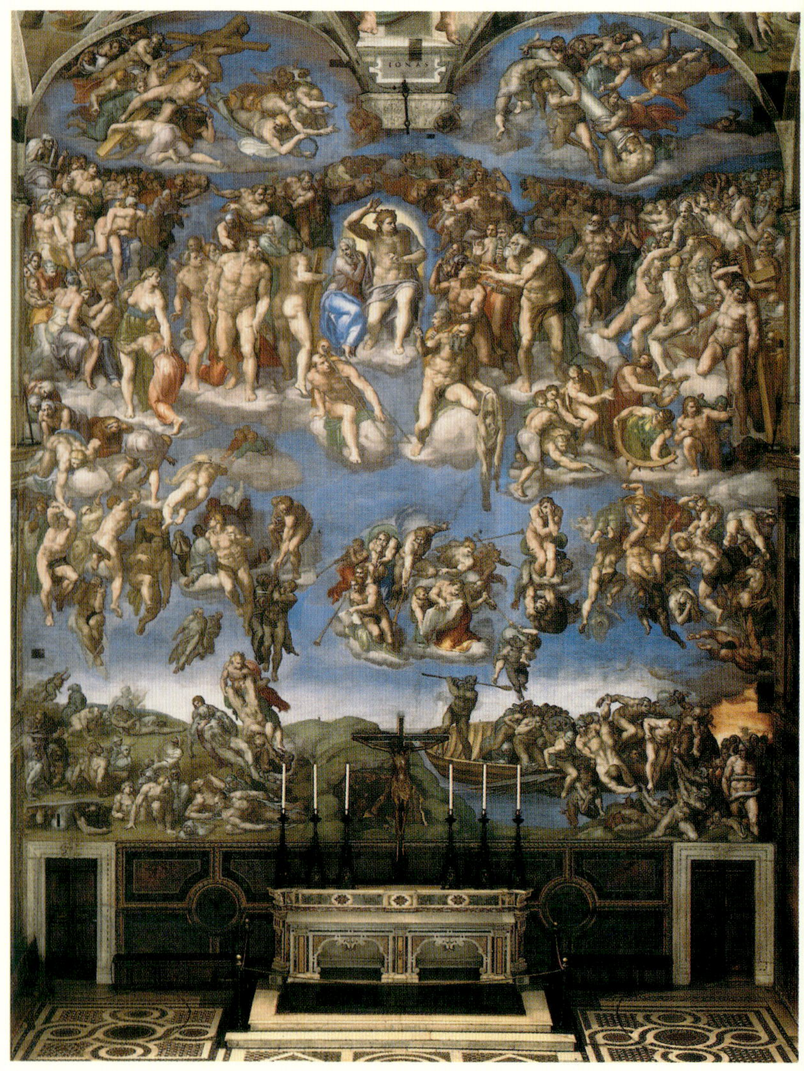

XII Michelangelo, Jüngstes Gericht, 1536–1541, Fresko, Sixtinische Kapelle

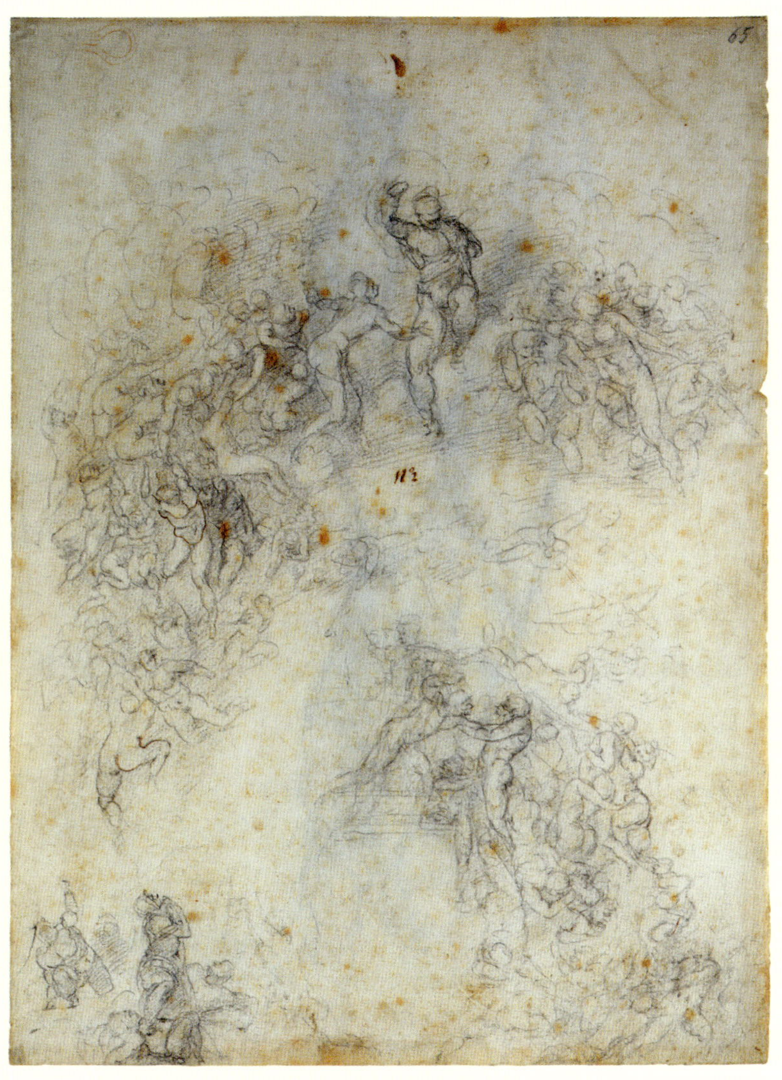

XIII Michelangelo, Vorstudie zum *Jüngsten Gericht*, 1535, Rötelzeichnung, Florenz, Casa Buonarroti

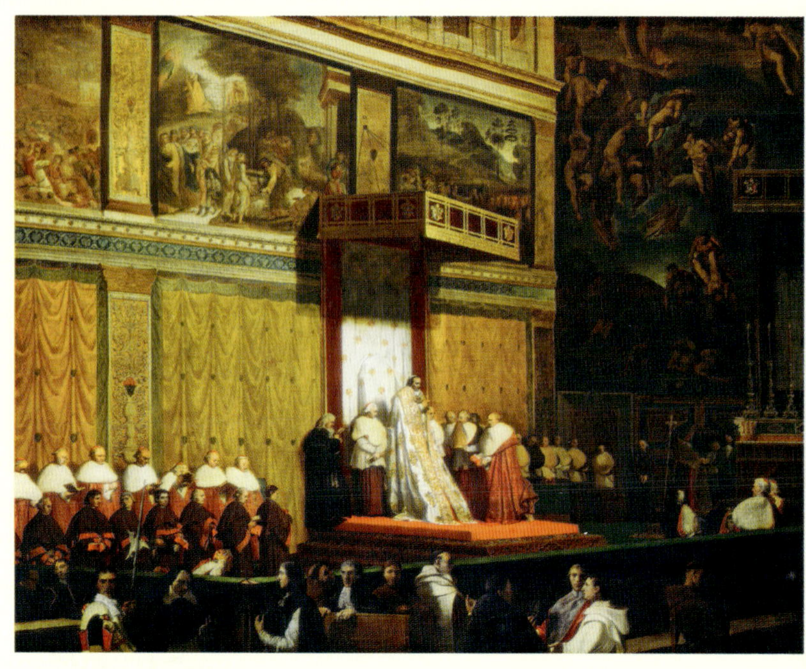

XIV Jean-Auguste-Dominique Ingres, Papst Pius VII. in der Sixtinischen Kapelle, 1812–1814, Öl auf Leinwand, Washington, National Gallery of Art

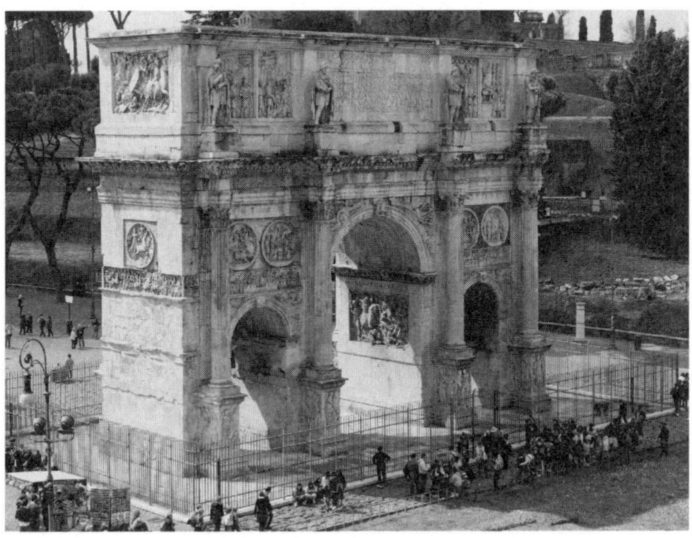

13 Der Konstantinsbogen in Rom

als entscheidend für Michelangelos formale Organisation der Decke, was zunächst etwas überraschend sein mag, da es sich um eine ganz andere Bauform handelt: die Triumphbogen. Das gegliederte Attikageschoß von Michelangelos Deckenmalerei mit den vorgestellten Figuren, die Verbindung unterschiedlicher Bildformen (rechteckige Bildfelder, Tondi, Einzelfiguren), teilweise der Bildaufbau (vor allem bei den Tondi) sowie die unterschiedlichen ‹Realitätsebenen› der Decke sind alle auch bei römischen Triumphbogen zu finden (Abb. 13). (In der realen Kirchenarchitektur um 1500 spielten Triumphbogenmotive im übrigen ebenfalls eine große Rolle.) Man ist versucht, diesen Rekurs auf den Auftraggeber zurückzuführen. Denn für Julius II. läßt sich geradezu eine Obsession mit Triumphen konstatieren. Dies zeigt sich in der Realität, wo der Einzug des Papstes in das wiedereroberte Bologna 1507 und seine Rückkehr nach Rom als antikische Triumphe der Kirche und des Pontifex mit ephemeren Bogen inszeniert wurden. Und es zeigt sich in der Panegyrik auf den Papst, die allenthalben eine entsprechende Metaphorik bemüht. So rühmt etwa Albertini den Papst in der Widmung seines Romführers als neuen Julius Cäsar, der den Triumph des Kreuzes Christi zum Triumph der streitbaren Kirche gemacht habe, und listet ihn dann nach den antiken Triumphatoren auf. Vor diesem Hintergrund evoziert die Deckenausmalung der Sixtina eine Abfolge von Triumphbogen, oder besser: Der gesamte Raum wird durch diese formalen Referenzen in ein Triumphmonument verwandelt.

Alles bislang Gesagte darf freilich nicht den Eindruck erwekken, die Gestaltung und Bedeutung der Deckenausmalung sei weitgehend geklärt – das Gegenteil ist der Fall. Die Fresken müssen bereits den Zeitgenossen in jeder Hinsicht höchst außergewöhnlich und erklärungsbedürftig erschienen sein. Die Überraschung begann bereits bei der grundlegenden Idee, ein Deckengewölbe nicht mehr nur ornamental oder mit Figuren, sondern mit szenischen Darstellungen (der Genesis) auszugestalten. Dafür waren, wie man gemeint hat, in Italien keine früheren Beispiele bekannt. Spekuliert wurde in der Forschung, ob Julius II. noch als Kardinal in den 1480er Jahren in Frankreich die romanischen Deckenmalereien von Saint-Savin-sur-Gartemps gesehen haben könnte. Ein weiteres Beispiel liefert im Grenzgebiet Italiens die kleine Dreifaltigkeitskirche von Hrastovlje in Istrien, deren 1490 abgeschlossene Ausmalung unter anderem zwölf Bildfelder mit der Schöpfungsgeschichte an der Decke präsentiert. Beide aus römischer Perspektive entlegenen Beispiele dürften für die Sixtina keine Rolle gespielt haben. Immerhin findet sich aber auch unter den Mosaiken in der Vorhalle von S. Marco in Venedig ein Genesis-Zyklus. Wenn Michelangelo und seine Zeitgenossen das Alter dieser Mosaiken nur sehr grob als ‹in der Frühzeit der Kirche entstanden› einschätzen konnten, dann wäre auch auf diesem Weg wieder auf die Anfänge der Institution verwiesen.

Dieser Bezug konkretisiert sich nun durch einen Kapellenraum unmittelbar vor den Toren Roms. Die Ausmalung des kleinen Oratorio della SS. Annunziata in Cori war zwischen ca. 1412 und 1450 maßgeblich von spanischen Kardinälen gestiftet worden. Es gibt erstaunlich viele Berührungspunkte mit der Six-

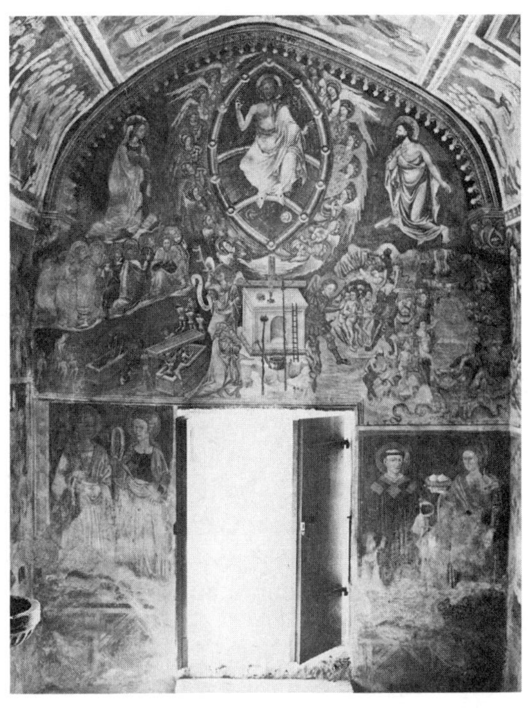

14 Jüngstes Gericht, um 1420, Fresko, Cori, Oratorio della SS. Annunziata, Eingangswand

tina: Die spitzbogig gewölbte Decke ziert ein alttestamentarischer Freskenzyklus, der von der Erschaffung Adams bis zur Begegnung von Moses und Aaron reicht. Die Längswände sind unter anderem mit einem Moses- und Christus-Zyklus bemalt. Und die Eingangswand zeigt ein Jüngstes Gericht (Abb. 14). Diese Themenauswahl scheint immer noch auf die Bildtradition der Basiliken von Alt-St. Peter und St. Paul zu rekurrieren. Cori erweist sich damit als wichtiges ‹Bindeglied› zwischen den mittelalterlichen Zyklen und der Sixtina.

Die Irritationen setzten sich auf der Ebene der Anordnung der Bildfelder und bis hin zu einzelnen Bildmotiven fort. Selbst bei genauester Kenntnis der Bibel und mit der Bereitschaft, zuvor noch nie oder nur höchst selten dargestellte Szenen in einigen von Michelangelos Bildfeldern zu erkennen, ließen sich die

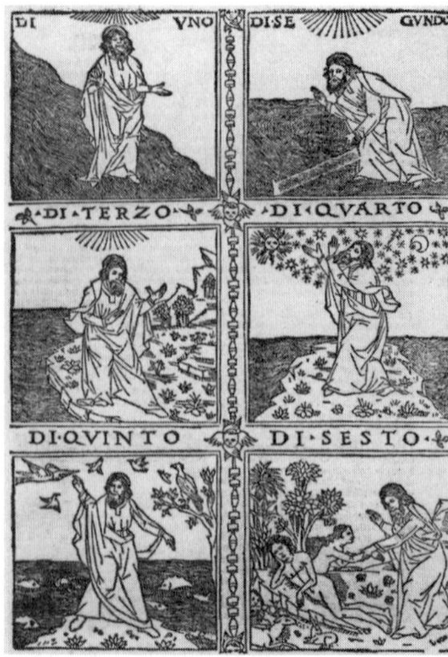

15 Die sechs Tage der Schöpfung, Titelseite der sog. Malermi-Bibel, Venedig 1490, Holzschnitt

neun zentralen Felder nicht in eine konsequente chronologische Reihenfolge bringen. Die Decke ist vielmehr in drei in sich abgeschlossene Dreiergruppen organisiert: drei Bildfelder zur Schöpfung, drei Bildfelder zur Erschaffung des ersten Menschenpaares, zu Sündenfall und Vertreibung und schließlich drei Bildfelder zu Noah. Innerhalb dieser Dreiergruppen nehmen die Szenen, die den meisten Platz benötigen, die großen Felder ein. So erscheint die Sintflut in der Mitte zwischen den kleinen ‹Nebenszenen› von Opfer und Verspottung Noahs, obwohl sie in der biblischen Erzählung beiden vorausgeht. Die vier Szenen in den drei Bildfeldern zur Erschaffung der Welt eröffnet die Scheidung von Licht und Finsternis. Die zeitlich darauf folgende Trennung von Himmel und Erde (wenn es sich bei der Darstellung um diese Szene handelt) wurde ins dritte, das nächste kleine Feld verlegt. Die große Mittelpartie dagegen zeigt Gottvater bei der Erschaffung von Sonne und Mond und – quasi im ‹Vorbeiflug› von hinten – wohl bei der Schöpfung der Pflanzen, die eigentlich vor derjenigen der Gestirne stattfand. Die Erschaffung der Tiere fehlt ganz.

Blickt man auf die Titelseite der Malermi-Bibel mit dem auf engstem Raum kanonisch dargestellten Sechs-Tage-Werk (Abb. 15), scheint klar, daß auch Michelangelo die ersten fünf Schöpfungstage klar lesbar in den vorhandenen drei Bildfeldern hätte unterbringen können. Deutlich wird zudem, mit welcher Anstrengung von Willen und scheinbar physischer Kraft Michelangelos Gottvater sein Werk vollbringt, das der Bibel nach ja allein aus der Macht des Wortes resultierte. Gegen jede Seherfahrung verstieß schließlich der schwebende, perspektivisch verkürzt von unten zu sehende Gottvater im zuletzt gemalten Bildfeld der Sixtina-Decke unmittelbar über dem Hochaltar. Die neun Genesis-Szenen gehorchen aber auch einer Unterteilung in nur zwei Bereiche, die exakt der Unterteilung des Raumes durch die Abschrankung entspricht: Die ersten fünf Szenen bis zur *Erschaffung Evas* über dem Altarraum zeigen allesamt Gottvater, die Menschen agieren im irdischen Paradies. Mit der Abschrankung dagegen werden die Stammeltern vertrieben; der Erschaffung korrespondiert die Zerstörung durch die Sintflut und das Versprechen des zweiten Neubeginns.

Bereits die Zeitgenossen kritisierten Michelangelos ungewohnte Darstellungen. Als Raffael mit seiner Werkstatt wenig später, von 1517 bis 1519, die Loggien des Vatikans unter anderem auch mit vier Bildfeldern zur Weltschöpfung ausmalte, setzte er sich zwar unverkennbar mit Michelangelos Szenen intensiv auseinander. Aber die nun eindeutig identifizierbaren Ereignisse finden in der richtigen Chronologie und ohne die Darstellung Gottvaters von hinten oder unten statt. Unmittelbar darauf, 1520, erhielt der zuvor ebenfalls im Vatikan tätige Maler Guillaume de Marcillat den Auftrag, die Deckenfelder des Doms von Arezzo zu freskieren – die erste große religiöse Deckenausmalung zwischen Rom und Florenz nach der Sixtina. Auch bei Marcillat dominiert das Modell Michelangelos die Malereien (Abb. 16), allerdings ist der Gottvater der Schöpfung wieder in eine majestätisch im Himmel thronende Gestalt zurückverwandelt. Ähnliches läßt sich in einem Kupferstich von Ambrogio Brambilla von ca. 1588/90 feststellen, wo Michelangelos Schöpfungsszenen ebenfalls ‹normalisiert› wurden. Viel-

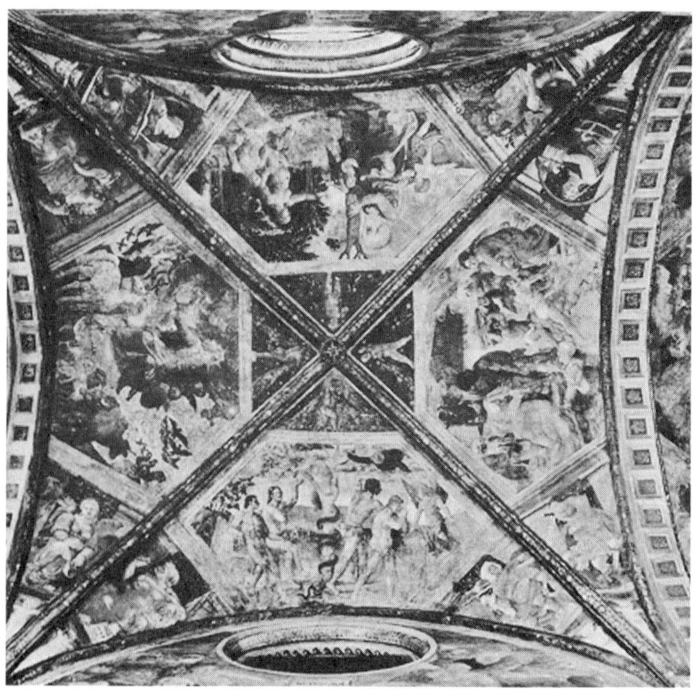

16 Guillaume de Marcillat, Erschaffung der beiden Lichter, von Erde und Wasser und der Tiere/Erschaffung Evas/Sündenfall und Vertreibung/Sintflut, 1520/22, Deckenfresken im ersten Joch des Doms von Arezzo

leicht das deutlichste Zeugnis der Kritik aber liefert die Michelangelo-Biographie des Paolo Giovio. Der Autor, immerhin Bischof, weigert sich konsequent, den Schöpfergott an der Decke überhaupt als solchen zu erkennen, und lobt nur die künstlerische Qualität eines am Himmel fliegenden alten Mannes: «Unter den hervorragendsten Darstellungen von Männern mitten an der Wölbung ist das Bild eines in dem Himmel fliegenden Greises zu sehen, mit so viel Symmetrie gezeichnet, daß er für unser irregeführtes Auge sich immer weiter zu drehen und seine Haltung zu verändern scheint, wenn man ihn aus den verschiedenen Teilen der Kapelle betrachtet.»

Lesarten der Genesis

Die wechselvolle Planungsgeschichte der Deckenausmalung zeigt, daß sich die Genesis-Thematik nicht als vermeintlich einziges noch verfügbares Thema zwingend an die Ausstattung des Quattrocento anschloß. Die zunächst vorgesehenen zwölf Apostel hätten vielmehr den Übergang von Christus zur Kirche und den Päpsten betont. Zu Recht wurde auch darauf hingewiesen, daß bereits Michelangelos frühe Deckenplanungen mit ihren aufgereihten kleinen polygonalen Bildfeldern strukturelle Ähnlichkeiten mit mittelalterlichen Stammbäumen und graphischen Darstellungen zur Abfolge der ‹Zeitalter› hatten, wie sie sich etwa prominent in Joachim von Fiores Geschichtsvisionen finden ließen.

Die Zeitstufen der Heilsgeschichte sind auch für die ausgeführten Deckenbilder entscheidend, wobei dem Blick zurück auf den Beginn der Welt und die Zeit *ante legem* (‹vor dem Gesetz›) immer die Hoffnung auf die zukünftige Erlösung korrespondiert. Die überragende Ordnung des göttlichen Schöpfungswerkes und die ‹Würde des Menschen› – ein zentrales Thema nicht nur der Humanisten, sondern auch der Predigten, die vor dem Papst gehalten wurden – scheinen durch die zahllosen (halb-) nackten menschlichen Idealkörper angezeigt, die wie ein Netz die gesamte Decke überziehen und in der Erschaffung Adams, Evas und in den Ignudi ihre Höhepunkte finden. In der «Schönheit des Körpers des ersten Menschen», von der bereits auf der Titelminiatur einer Sixtus IV. gewidmeten Übersetzung von Philo Judaeus' Abhandlung über die *Erschaffung der Frau* zu lesen ist, spiegelt sich die menschliche Gott-Ähnlichkeit (Gen. 1,26f.). Die ‹Würde des Menschen› resultiert aber zugleich auch aus der Liebe Christi, dessen Opfertod die Erbsünde aufheben sollte und der an der Decke implizit stets als Zielpunkt der Heilsgeschichte präsent ist: Auf ihn, dessen Leben ja bereits die Längswände der Kapelle schilderten, läuft die Genealogie der Lünetten zu, auf ihn verweisen die Propheten und Sibyllen, mit ihm wird das Versprechen Gottes an die Menschen nach der Sintflut eingelöst. Die beiden Eckzwickel über dem Altar mit der

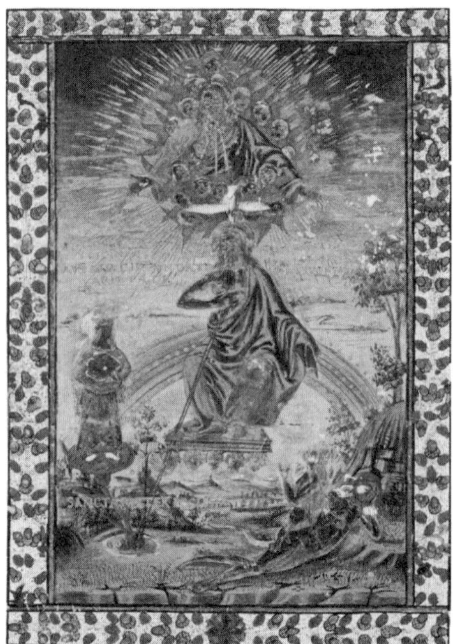

17 Erschaffung Evas und der Kirche, Miniatur aus einem Exemplar von Philo Judaeus, *Liber de creatione mulieris* für Sixtus IV., fol. [III v], zwischen 1471 und 1484, Biblioteca Apostolica Vaticana

Kreuzigung des Haman und der ehernen Schlange verweisen typologisch auf Christi Opfertod und die Eucharistie. Rom und dem Papst kommt dabei die führende Verantwortung zu, jene Würde des Menschen zu realisieren – zumindest konnte es Aegidius von Viterbo mit Blick auf Julius II. so formulieren.

Bei den beiden korrespondierenden Zwickeln an der Eingangswand ist die Szene mit David, der Goliath besiegt, zunächst ebenfalls christologisch zu verstehen. Spätestens Judith und Holofernes aber verweisen offensichtlich auf Maria. Und mariologisch wurde in der Renaissance insbesondere auch Esthers Rolle bei der Bestrafung des Haman und der Errettung der Juden im persischen Reich gedeutet: «Du wirst Tür zum Himmel genannt, Rettung der Welt.» Die intensiven Diskussionen und Erläuterungen zur Unbefleckten Empfängnis Mariens, an denen Sixtus IV. entscheidenden Anteil gehabt hatte, sahen auch im Sechs-Tage-Werk vielfache Bezüge zur Gottesmutter. War sie doch – um dann ohne Sünde empfangen werden zu können und um ein vollkommen ‹reines Gefäß› für den Gottessohn zu sein – schon vor Beginn der Zeiten im göttlichen Heilsplan vorgesehen. Gottvater legt auf dem Fresko der *Erschaffung Adams* seinen linken Arm wohl um diese Maria, deren Nacktheit und intensiver Blick auf Adam heute schwer zu akzeptieren sind, theologisch aber korrekt die zentrale Stellung einer von Anbeginn an sündenfreien Gottesmutter im Heilsplan markieren. Die Hand des um Maria gelegten Armes von Gottvater, eines der am präzisesten vorgeplanten Details der ganzen Decke, berührt demonstrativ die Schulter eines Knaben. Dieser ist kaum anders denn als der ‹neue Adam› und Gottessohn zu verstehen – die Komposition verdeutlicht so für die Anschauung, daß die Erschaffung und Beseelung Adams bereits im Wissen um die spätere Rolle Christi erfolgte.

Das zentrale Bildfeld der Decke zeigt dann die Erschaffung einer demütig ihren Gott anbetenden Eva aus der Seite Adams. Die Szene verweist typologisch auf die Geburt der Kirche aus der Seitenwunde Christi. Bereits die erwähnte Abhandlung des Philo Judaeus verbildlicht auf einer weiteren Miniatur genau diesen Zusammenhang besonders eindrücklich (Abb. 17). Aber etwa auch das um 1471/77 entstandene Relief mit der Erschaffung Evas von Giovanni Damata für das Grabmal Pauls II., des Vorgängers von Sixtus, in St. Peter entwickelt diese Symbolik. Maria nimmt in diesem Denken die zentrale ‹Mittelposition› ein, denn sie entspricht in ihrer heilsgeschichtlichen Position einerseits spiegelbildlich Eva, andererseits weist sie auf die Kirche voraus. Allein die Kirche verwaltet seit Maria auch die Heilsmittel, um der sündigen Menschheit am Ende der Zeiten den Zutritt zum Himmel wieder zu eröffnen. Dies faßte zum Beispiel schon 1455 der später heiliggesprochene Erzbischof Antoninus in einer Rede vor dem frisch gewählten Papst Calixtus III. zusammen; er sprach dabei von einer «großen Vision des fest auf dem festen römischen Stein [«petram»] gegründeten und erbauten Hauses des Herrn», der «Kirche, die nichts anderes ist als dieses Haus des Herrn und die Tür zum Himmel, [...] das Paradies». Daher konnte die Geburt Evas auch prominent über dem Tor des Himmlischen Jerusalems dargestellt werden, etwa auf dem rechten Flügel des Weltgerichtsaltars von Hans Memling (um 1465/73), der ein Auftrag der Medici und ursprünglich für eine Kirche in Fiesole vorgesehen war (Abb. 18).

Der Hoffnung auf den ‹Weg zum Himmel› ist die gesamte Kapelle mit ihrem Patrozinium der Himmelfahrt Mariens geweiht. Maria, wie sie auf Peruginos Altarbild erschien, war in der geläufigen Auslegung eben die ‹Tür zum Himmel› und die Königin des Himmelreichs. Michelangelo, der bereits in seinem frühen Relief der *Madonna an der Treppe* die Symbolik von Maria als ‹Himmelsleiter› verbildlicht hatte, bringt an der Decke alle diese Ideen zusammen im Propheten Jonas, der in der Achse von Altarbild, dem einstigen Beginn des Moses- und des Christus-Zyklus sowie der Papstreihe plaziert ist. Jonas, der drei Tage im Bauch des Wals verbracht hatte und dann ausgespuckt wurde, präfiguriert die Auferstehung Christi, aber auch die Unbefleckte Empfängnis Mariens. Michelangelos Kunstfigur leitet den Blick des Betrachters noch ein Bildfeld weiter, indem Jonas mit dem schwebenden Gottvater des ersten Schöpfungstages zu disputieren scheint. Dieser ist als einzige der Gottesfiguren an der Decke perspektivisch von unten zu sehen, so daß dieser Bezug visuell unterstrichen und der Betrachter in einen ähnlichen Blickwinkel wie Jonas versetzt wird.

Neben dieser Szene öffnet sich einer der schmalen Ausblicke auf den ‹realen Himmel›, durch die Michelangelo eine Erinnerung an das vorausgehende Himmelsgewölbe des Piermatteo d'Amelia in seinen Entwurf zu integrieren scheint. Der Sitz Gottes über dem Himmel und sein ‹heiliger Tempel› spielen dabei auch für Jonas eine zentrale Rolle. Diesen wiederzusehen, hofft er im Bauch des Wals (Jon. 2, 4–8): «Du hast mich in die Tiefe geworfen, in das Herz der Meere [...] Wie kann ich deinen heiligen Tempel wieder erblicken? [...] Doch du holtest mich lebendig aus dem Grab herauf, Herr, mein Gott. [...] und mein Gebet drang zu dir, zu deinem heiligen Tempel.» Der Blick und die erregte Gestik des gerade erretteten Propheten in Richtung Decke dürften also nicht nur der Figur Gottvaters gelten. Die gesamte

Scheinarchitektur wird für Jonas (und damit für die realen Betrachter) zur Vision des *templum sanctum* Gottes. In diesem Horizont wird auch verständlicher, warum unter den Propheten gerade Zacharias als Gegenüber des Jonas gewählt wurde, konnte er doch um 1500 ebenfalls als «Prophet der Neubegründung des Tempels» gelten. Das Thema der visionären Schau von Gottes Tempel wäre also auf der Eingangs- wie der Altarwand angeschlagen, bei Zacharias als innerliches Ergebnis der Lektüre, bei Jonas als hochemotionales äußerliches Ereignis.

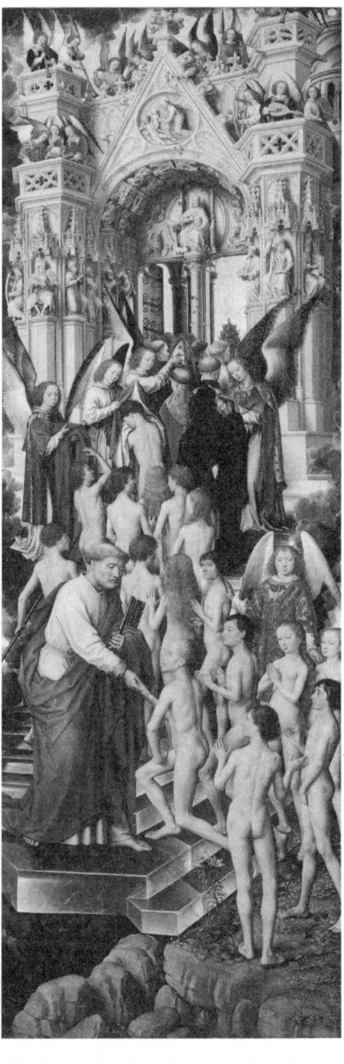

18 Hans Memling, Jüngstes Gericht, linker Flügel mit Petrus an der Himmelstür, zwischen 1465 und 1473, Öl auf Holz, Danzig, Nationalmuseum

In diesem Kontext lassen sich die 20 nackten Jünglingsfiguren, die die gesamte Decke mit einer riesigen Girlande aus Eichenlaub umkränzen, am wahrscheinlichsten als flügellose Engel verstehen, wie sie dann auch auf dem *Jüngsten Gericht* auftreten werden. An der Decke feiern sie das neue, unter Julius II. angebrochene goldene Zeitalter und die Annäherung der irdischen Kirche an die zukünftige Gottesstadt. Alternativ ließen sich die Ignudi auch als ausgezeichnete Seelen in der

Himmelsstadt (und Vorschau auf ein «neues Geschlecht» im Sinne von Vergil, Ecl. 4,7) deuten. Bemerkenswert ist jedenfalls, daß unter ihnen fiktive marmorne Puttenpaare aus Jungen und Mädchen und daneben bronzene, in die Architektur ‹eingesperrte› Akte erscheinen – möglicherweise wird hier auf verschiedene Stufen der Erlösung der Seelen nach dem Tod in Fegefeuer und Limbo angespielt.

Der visuelle Aufstieg zum Himmel auf der Mittelachse der Altarwand und Decke läßt sich auch umkehren zu einem Herab- und Weiterreichen von Legitimation. Spricht doch Christus an der für das Selbstverständnis des Papsttums zentralen Stelle (Matth. 16,16–19) Petrus als ‹Sohn des Jonas› («Barjona») an: «Petrus sprach: Du bist der Messias, der Sohn des lebendigen Gottes. Jesus aber antwortete und sprach zu ihm: Selig bist du, Simon Barjona; denn nicht Fleisch und Blut hat dir das geoffenbart, sondern mein Vater, der im Himmel ist. Und ich sage dir: Du bist Petrus, und auf diesem Felsen will ich meine Kirche bauen, und die Pforten der Hölle werden sie nicht überwältigen. Ich will dir die Schlüssel des Himmelreichs geben, und was du auf Erden bindest, das wird im Himmel gebunden sein, und was du auf Erden lösest, das wird im Himmel gelöst sein.» Gottvater, Jonas, Christus, Petrus als Beginn der Papstreihe und schließlich Petrus auf dem Altarbild des Perugino, der Sixtus IV. die Schlüssel auf die Schultern legt, verbildlichen an der Altarwand der Kapelle diese Sukzession.

Die zentrale Bilderfolge der Decke endet dementsprechend mit drei Szenen zu Noah, da dieser in besonderer Weise als Präfiguration der Päpste und speziell von Julius II. verstanden werden konnte. Der Lenker der Arche steuerte erstmals das Schiff der Erwählten, wie es nach ihm die Päpste mit dem ‹Kirchenschiff› taten, wobei die Schiffsmetaphorik gerade im Rom des frühen 16. Jahrhunderts besonders intensiv bemüht wurde. Wie der betrunkene Noah von einem seiner eigenen Söhne verspottet wurde und doch als einziger Gott richtig zu opfern verstand, so erlitt das Papsttum in der Gegenwart Angriffe und Verspottungen durch Häresien und Schismatiker. Noch weiter gingen Annius von Viterbo, der persönliche Priester Papst Alexanders VI., und dann der Augustiner-Kardinal Aegidius von Viterbo bei ihren Versuchen, alttestamentarisch-biblische und pagan-antike Geschichte zusammenzuführen. Im Gefolge mittelalterlicher Legenden sahen sie in Noah und in Janus, dem mythischen Begründer des Volkes der Etrusker und der etruskischen Religion, ein und dieselbe Person. Der Janiculum-Hügel in Rom war einst Janus geweiht gewesen. Auf einem seiner Ausläufer aber, dem vatikanischen Hügel, befinden sich das Grab Petri und der Sitz der Kirche und der Päpste. Allein schon diese topographische Koinzidenz verdeutlichte, daß der Religion des Noah/Janus im Heilsplan das Christentum nachfolgte. Und wie Noah seinerzeit den Bund mit Gott erneuerte, so läutete nun das Pontifikat von Julius II. ein neues goldenes Zeitalter ein.

Über diese von der Forschung herausgearbeiteten Aspekte hinaus gilt es noch einen weiteren zu betonen: Julius wurde nicht nur für die triumphale Wiederherstellung des kirchlichen Führungsanspruchs in geistlicher wie weltlicher Hinsicht gerühmt, für die Wiedereroberung Bolognas, die Niederschlagung schismatischer Bewegungen usw. Die Entdeckung der Neuen Welt und die Unterwerfung ‹aller› außereuropäischen Reiche und Religionen, wie sie eine Reihe von 1507 erzielten kolonialen Erfolgen vor allem der Portugiesen in Asien erhoffen ließen, beflügelten die Vorstellung, unter Julius würde der gesamte Erdkreis wieder christlich. Dies ist die Kernaussage einer Predigt des Aegidius von Viterbo von 1507, dies beschreibt Francesco Albertini ausführlich in der Widmung seines Romführers an Julius 1509/10: Die Wiedereroberung selbst Jerusalems und Konstantinopels schien bevorzustehen. Mit der Verspottung Noahs durch Ham, die im Schlußbild der Sixtina-Decke zu sehen ist und als deren Resultat die drei unterschiedlichen Stämme der Menschheit aus den drei Söhnen Noahs hervorgehen sollten, war die Grundlage für Irrlehren nach der Sintflut in die Welt gekommen. Mit Julius schien erstmals wieder ein Zeitalter anzubrechen, in dem es nur mehr die eine christliche Kirche geben würde. Der irdische Kampf der Kirche war fast am Ziel.

Der Aufstieg zum Himmel und Übergang von der irdischen

ecclesia militans zur himmlischen *ecclesia triumphans* und zur *civitas Dei* scheint überhaupt die Grundidee für die Anlage der Sixtinischen Decke mit ihrer Aneinanderreihung von Elementen antiker Triumphbogen geliefert zu haben. Diesen Übergang – die Schwelle zwischen Diesseits und Jenseits – markierte, das war jedem Zeitgenossen klar, das Zugangsportal zur Himmelsstadt, als dessen Wächter Petrus fungierte. Wie man sich diese transzendente Schwellensituation um 1500 vorstellen konnte, beschreibt etwa der Florentiner Dichter Ugolino Verino in seinem Hauptwerk, dem Epos *Carlias*. Verino arbeitete von ca. 1465/66 bis spätestens 1506 an immer neuen Versionen ohne eine erkennbar finale Fassung. Eigentlich sollte das Epos Karl VIII. von Frankreich gewidmet werden, der es aber nicht würdigte. Beschrieben werden die Taten von dessen Vorgänger Karl dem Großen, vor allem der Kampf gegen die Ungläubigen, aber auch ein imaginärer Besuch des Jenseits: An der höchsten Stelle des Himmels erheben sich die hochragenden goldenen Dächer von Gottes Residenz. Zwischen Portiken öffnet sich – nicht ganz eindeutig beschrieben – eine Eingangshalle auf ein verschlossenes ehernes Portal hin. Eine goldene Kuppel ist mit Figuren verziert, die alle menschliche Kunstfertigkeit übersteigen. Außerdem gibt es (als Eingang der Vorhalle oder um das Portal herum?) einen Bogen, der mit Gold, Edelsteinen und einem aufwendigen Bildprogramm zur Schöpfungsgeschichte geschmückt ist. Auf der linken Seite über dem Sockel beginnen die als bemalte Reliefs vorzustellenden Darstellungen mit Gottvater und den neun Engelschören. Es folgen die Ereignisse um den Sturz Luzifers und der rebellischen Engel sowie die ersten Schöpfungstage. Im Scheitel des Bogens ist ein Himmel mit glänzenden Sternen gemalt. Dann kommen die Erschaffung Adams und Evas, die Verführung durch die Schlange, der Sündenfall, die Vertreibung aus dem Paradies und die erste Arbeit der Stammeltern. An späterer Stelle wird nachgetragen, daß der Zugang zur Himmelsstadt von Petrus, dem «Türhüter der Himmelsburg», mit seinen beiden Schlüsseln kontrolliert wird. Dahinter weist Johannes der Täufer den Weg zu Christi Hofstaat mit Maria und den Heiligen. Verinos phantastisches Bogenmonument scheint

Anregungen durch die Mosaiken der Vorhalle von S. Marco in Venedig verarbeitet zu haben, die ebenfalls als Triumphmonument und Abglanz des Paradieses verstanden wurde (und wo bis ins 17. Jahrhundert auch eine Szene mit Petrus vor der Himmelstür dargestellt war). Zugleich ließ sich Verino offenbar von Jacopo della Quercias Portal von S. Petronio in Bologna mit seinen Reliefs der Schöpfungsgeschichte (1425–1438) inspirieren.

Verinos Dichtung ist hier nicht als unmittelbare Anregung für Michelangelos Deckenbilder angeführt. Sie soll vielmehr eine verbreitete Vorstellung vom Eingang ins Himmlische Jerusalem belegen, zu dem eine gewölbte Vorhalle, Triumpharchitekturen, Reliefs mit den Ereignissen am Weltenbeginn (wie sie dann durch die Wiederkunft Gottes und der Himmelsstadt aufgehoben werden sollten) und Petrus mit den Schlüsseln am Portal gehörten. Die Sixtinische Decke würde demnach visualisieren, was auch bereits in einer Motette zum Festtag Petri am 29. Juni 1507 in der Sixtina angeklungen war: «Oh Schlüsselträger des Königreichs der Himmel [...] gib uns Zugang zum himmlischen Paradies nach unserem Tod [...], Petrus, dem die Herrschaft über Himmel und Erde übertragen wurde, damit er die Tür für die Eingeschlossenen öffne und die Fesseln der Gebundenen löse.» Nur angedeutet sei hier schon, daß später die Idee aufkam, an der Eingangswand der Sixtina – gegenüber dem *Jüngsten Gericht* – den Sturz Luzifers und der rebellischen Engel darzustellen.

Wenn der Papst als irdischer Stellvertreter Christi und ausgestattet mit der Schlüsselgewalt des Petrus mit seinem Hofstaat zum Gottesdienst in der Sixtina zusammenkam, einer Kapelle, die nach der Vorstellung des 15. Jahrhunderts hochragend im und auf einem ‹Paradies› errichtet war, und wenn insbesondere Julius II. die Hoffnungen auf eine weltumspannende Rechristianisierung so befeuerte, daß sein Pontifikat als Anbruch eines neuen goldenen Zeitalters gelten konnte, dann kam die irdische *ecclesia militans* in der Sixtina der himmlischen *ecclesia triumphans* sinnbildlich so nahe wie nur irgend möglich vor dem tatsächlich Jüngsten Tag. Michelangelo entwarf seinerseits die neuartige Scheinarchitektur der Kapelle mit ihrer Schar der Engels- oder Seelenjünglinge und dem Eichenlaubkranz als künstlerisch-visionären Abglanz der Mauern des Himmlischen Jerusalems. In diesem Vorstellungshorizont ließ sich die Sixtinische Kapelle für die Zeitgenossen – bei aller Irritation durch die neuartigen Bilder – als triumphale Vorhalle der zukünftigen Gottesstadt wahrnehmen, und der Papst erschien erneut in seiner Machtfülle gefeiert als irdischer Schlüsselträger und Türhüter des Himmels, als Stellvertreter Petri und *vicarius Christi.*

Stiftshütte, Tempel Salomons, Himmlisches Jerusalem: Raffaels Teppiche und Leo X.

Größte Hoffnungen verbanden sich mit der Wahl von Giovanni de' Medici am 11. März 1513 zum neuen Papst Leo X. Der 37jährige wurde geradezu als reinkarnierter Heilsbringer stilisiert – und seine Namenswahl ‹Leo› mit ihren christologischen, kosmologischen und kirchengeschichtlichen Bezügen verstärkte diese Erwartungen noch. Man erhoffte sich Frieden in der christlichen Welt und in Italien, die Wiederherstellung von Einheit und Würde der Kirche, die endgültige Abwehr der ‹Türkengefahr›, aber auch Wohlstand und Förderung der Künste in der Tradition der Familie Medici. Das Pontifikat begann auch vielversprechend – trotz des wenig späteren Anbruchs der Reformation. Allerdings häufte der Pontifex bis zu seinem frühen Tod am 1. Dezember 1521 derartig hohe Schulden an, daß unter anderem die Teppiche, die er nach Raffaels Entwurf für die Sixtinische Kapelle gestiftet hatte, gepfändet wurden, um überhaupt Leos Begräbnis und das Konklave für die neue Papstwahl finanzieren zu können.

Von den beiden wichtigsten Künstlern seines Amtsvorgängers schickte Leo Michelangelo nach Florenz, der dort die Fassade der Familienkirche S. Lorenzo und die Grablege der jüngst verstorbenen Mitglieder des Hauses Medici in der Neuen Sakristei gestalten sollte. Michelangelo konzipierte beide Vorhaben als grandiose architektonische Rahmungen für eine bislang nicht gekannte Fülle von Monumentalskulpturen. Daß er die als «Spiegel von ganz Italien» gedachte Fassade nach Jahren dann gar nicht, die Neue Sakristei nur unvollständig realisieren sollte, hängt mit Michelangelos überdimensionierten Planungen und der Selbstmythisierung als allein arbeitender Künstler-Heros zusammen, die ihn auf eine – für diese riesigen Unternehmungen notwendige und adäquate – Werkstatt verzichten ließ. Raffael dagegen konnte gerade dank seiner ausgezeichnet eingespielten Mitarbeiter in den Jahren von Leos Pontifikat die Wände des Vatikanpalastes mit ausgedehnten Freskenfolgen überziehen: zwei Stanzen mit kirchengeschichtlichen Ereignissen, die Loggien mit einem Zyklus zum Alten und Neuen Testament, die Sala dei Papagalli, die Sala dei Paramenti sowie die Sala di Costantino, für die Raffael zumindest noch Entwürfe anfertigte, bevor er 1520 starb. Die beiden wohl kostspieligsten Beiträge Raffaels für den Vatikan aber sind heute nicht mehr am originalen Ort zu sehen: Er lieferte die Kartons zu zehn Tapisserien für die Sixtinische Kapelle mit der Geschichte der Apostel Petrus und Paulus und in unmittelbarem Anschluß daran Entwürfe für sechs Tapisserien mit Putten und Medici-Impresen für die Sala di Costantino.

Diese beiden eng zusammenhängenden Tapisserieaufträge an Raffael demonstrieren exemplarisch, daß solche Teppiche im weltlichen wie im religiösen Bereich als eines der kostbarsten Bildmedien des Mittelalters und der Frühen Neuzeit eingesetzt wurden – als Zeichen für außergewöhnliche Würde, Macht und Reichtum. Scheint dies für profane Kontexte leicht nachvollziehbar, so benennt etwa Manetti in seiner Vita Nikolaus V. auch den besonderen Effekt für den Kult: «[Der Papst] sorgte für die kirchlichen Zeremonien auf wunderbare Weise bis zum höchsten Grade mit größter Aufmerksamkeit und unglaublicher Sorgfalt. Damit diese [Zeremonien] größtmögliche Bewunderung bei den christlichen Völkern erregen und mit besonderer Verehrung aufgenommen werden, verschönerte er sie mit Dingen, die gewöhnlich Paramente genannt werden, nämlich mit Teppichen, Wandbehängen, Tüchern, silbernen und goldenen

Gefäßen sowie mit liturgischen Gewändern, die aus Seide und Goldfäden gewebt und mit einer großen Menge an großen und kleinen Perlen ausgestattet waren.» Allerdings schufen die ‹mobilen› Einsatzmöglichkeiten der Tapisserien, die zu verschiedensten Anlässen aufgehängt werden konnten, auch Probleme. So mußte etwa Pius II. in seinem Entwurf zur Reform der römischen Kurie aus dem Jahr 1464 betonen, daß an der Kurie nur Bildteppiche zum Einsatz kommen sollten, auf denen keine Frauen dargestellt seien, mit Ausnahme von weiblichen Heiligen, und auch nur solche «ehrbaren Historien», die die Betrachter zur Tugend anspornten. Die Mahnung läßt ahnen, welche Art (wohl vor allem burgundisch-niederländischer) Teppiche mit profanen Bildthemen bis dato zum Einsatz gekommen waren und die Augen und Phantasien der Kirchenmänner beschäftigt hatten.

Das Teppichlager der Päpste scheint jedenfalls schon im 14. Jahrhundert beträchtlich gewesen zu sein, und bereits die Wände der alten *capella maior* wurden zu bestimmten Anlässen mit Tapisserien geschmückt (Abb. III). In der neuen Sixtinischen Kapelle gab es Haken über den gemalten Wandbehängen, damit man echte Teppiche anbringen konnte. Nicht überliefert ist, wie diese anfänglich aussahen und ob bereits eine einigermaßen einheitliche Serie zur Verfügung stand. Teils wurden Tapisserien auch in der Peterskirche aufgehängt. Jedenfalls hatte schon Nikolaus V. von Jacquet d'Arras, einem in Siena tätigen Weber, eine Folge zum Leben des hl. Petrus fertigen lassen. Diesem Jacquet werden in einem Inventar aus der Zeit Leos X. dann 18 Tapisserien zugewiesen, mit denen die Sixtina wohl einigermaßen auszustatten gewesen wäre.

Mit seinem Auftrag an Raffael, Entwürfe für neue Teppiche mit Szenen aus der Apostelgeschichte für die Sixtinische Kapelle zu liefern, stand Leo also in einer langen, bis ins frühe Mittelalter und insbesondere auch zu seinen Amtsvorgängern Leo III. und Leo IV. zurückreichenden Tradition päpstlicher Stiftungen für Wandbehänge. Zugleich blieb Leo, wenn er sein Pontifikat ebenfalls in der Sixtinischen Kapelle verewigen wollte, nur das noch nicht figürlich gestaltete unterste Wandregister. Die Wahl des kostbaren Mediums und des in der Sixtina bis dahin noch nicht präsenten Konkurrenten von Michelangelo, Raffael, zeigen deutlich Leos Bestreben, in Wettstreit mit seinen beiden Vorgängern aus der Familie della Rovere zu treten. Und das nach Raffaels Entwurf gelieferte Ergebnis bedeutete dann in jedem Fall eine Revolution für die Kunst der Bildteppiche.

Apostelgeschichten

«Der liebe Gott steckt im Détail» – für die Erforschung kaum eines anderen Kunstwerks trifft der berühmte Ausspruch Aby Warburgs besser zu als für Raffaels Teppiche. Zwei Zahlungsanweisungen vom 15. Juni 1515 und vom 20. Dezember 1516 legen nahe, daß Raffael spätestens zu Beginn des Jahres 1515 beauftragt worden war, Entwürfe zu liefern, nach deren Vorlage dann Tapisserien in Brüssel gewebt werden sollten. Allerdings wird dabei nichts über deren Anzahl oder Themen gesagt. Die Kartons, die ihrerseits in zahllosen Zeichnungen vorbereitet wurden (Abb. VIII), mußten die Originalgröße der späteren Teppiche haben und den spezialisierten Webern in den fernen Niederlanden ohne weitere Erklärungen alle Gestaltungs- und Farbvaleurs vermitteln. Sieben Kartons für die Teppiche der Sixtina haben sich erhalten und sind heute im Victoria & Albert Museum in London ausgestellt (Abb. IX). Die Vorlagen wurden wohl in mehreren Sendungen in die Weberei des Pieter van Aelst geschickt, der schon zuvor erfolgreich Aufträge für den Papst ausgeführt hatte. Bereits am 30. oder 31. Juli 1517 bewunderte in dessen Werkstatt der Kardinal von Aragon den ersten vollendeten von angeblich 16 geplanten Teppichen (Abb. X). Sein Sekretär Antonio de Beatis hielt die Szene im Reisetagebuch fest und kolportierte den ungeheuren Preis: «Papst Leo läßt in Brüssel 16 Teppiche herstellen, die, wie man sagt, für die Sixtinische Kapelle des Apostolischen Palastes in Rom bestimmt sind, größtenteils aus Seide und Gold; jedes Stück kostet 2000 Goldddukaten. Wir waren an dem Ort, wo sie gemacht werden, um daran arbeiten zu sehen, und sahen ein Stück fertig, auf welchem dargestellt ist, wie Christus dem hl. Petrus die Schlüssel übergibt, welches sehr schön ist; nach diesem urteilte der Kardinal, daß dies die schönsten derartigen Arbeiten in der Christenheit sein werden.» Zwei Jahre später, am 26. Dezember 1519, waren dann erstmals sieben der Teppiche in der Sixtinischen Kapelle aufgehängt. Drei weitere – *Der Tod des Ananias*, *Paulus im Gefängnis* und *Die Predigt des Paulus auf dem Areopag* – wurden bis zum Tod Leos 1521 nachgeliefert. Alle diese zehn Tapisserien finden sich heute in den Vatikanischen Museen. An dreien sind noch die originalen Randbordüren mit Medici-Wappen und -Impresen angenäht. Außerdem haben sich dort zwei weitere, isolierte Bordüren erhalten, die möglicherweise ebenfalls zu dem Zyklus gehörten.

Die Entscheidung, das Leben der Apostelfürsten an den einander gegenüberliegenden Wänden zu realisieren, greift erneut das Modell der Bildausstattungen römischer Basiliken auf. Von Raffael dargestellt sind vier Szenen aus dem Leben des Petrus: der wunderbare Fischzug (Luk. 5,1–10); Christi Schlüsselübergabe an Petrus (Matth. 16,18f.; Joh. 21,15–17); die Heilung des Lahmen im Tempel (Apg. 3,1–8); und der Tod des Ananias (Apg. 5,1–5). Der Paulus-Zyklus beginnt mit der Steinigung des Erzdiakons Stephanus (Apg. 7,54–60), bei der der junge Saulus als Beobachter zugegen war. Aus diesem Saulus wurde dann auf dem Weg nach Damaskus durch den Sturz vom Pferd Paulus (Apg. 9,1–7). Es folgen noch vier weitere Szenen aus dem Leben des zweiten Apostelfürsten: die Bekehrung des Prokonsuls (Apg. 13,6–12); das Opfer in Lystra (Apg. 14,8–18); Paulus im Gefängnis (Apg. 16,23–26), ausnahmsweise nur 128 cm breit; und die Predigt des Paulus auf dem Areopag (Apg. 17,16–34).

Alle Teppiche weisen als unteren Abschluß einen fiktiven Bronzefries auf, wobei diese Anordnung von großem Ereignisfeld und schmalem Fries möglicherweise von Filaretes 70 Jahre älterer Bronzetür für das Hauptportal von Alt-St. Peter angeregt wurde. Während die Friese unter den Paulus-Szenen weitere Ereignisse der Apostelgeschichte schildern, haben die unter den Petrus-Szenen entscheidende Momente im Leben des Giovanni de' Medici vor seiner Papstwahl zum Thema, beginnend mit der Ankunft Giovannis in Rom nach seiner Erhebung zum Kardinal und seiner Aufnahme ins Kardinalskollegium. Die zweite Szene aus seinem Leben findet sich dann ausnahmsweise auf einem Teppich aus dem Paulus-Zyklus, dem mit der Steinigung des Stephanus. Offen ist, ob der Tapisseriezyklus so, wie er vorliegt, als abgeschlossen anzusehen ist oder ob er abgebrochen wurde – bedingt etwa durch die schnell aufeinander folgenden Tode Raffaels und seines Auftraggebers, möglicherweise auch durch Leos marode Finanzen. In jedem Fall fehlen gerade für die Peterskirche so zentrale Szenen wie die Martyrien und Begräbnisse der beiden Apostelfürsten. Die Vita Leos bricht mit der triumphalen Rückkehr der Medici in das wiedereroberte Florenz 1512 ab.

John Shearman hat 1972 eine minutiöse Rekonstruktion der intendierten Hängung der Teppiche vorgelegt. Sie positionierte die Petrus-Szenen unter den Fresken zum Leben Christi rechts des Altars, die zahlreicheren Paulus-Szenen dagegen unter den Fresken zum Leben Mose links des Altars. Allein ein winziges Detail, das bei der Restaurierung der Kapelle 1999 entdeckt wurde und dessen Bedeutung Arnold Nesselrath aufgezeigt hat, bringt diese These zu Fall: Ein mit Eichenblättern und Eicheln – dem Wappen der della Rovere-Päpste – verzierter Marmorstreifen unter der Bank, die an der Wand der Sixtina entlangläuft, reicht über die Stelle hinweg, an der sich die alte Abschrankung befand. Der Streifen muß also noch unter Julius II. entstanden und die Abschrankung bereits vor 1513 versetzt worden sein, nicht erst in den 1550er oder 1560er Jahren wie zuvor vermutet. Dies bedeutet aber, daß Raffaels Tapisserieentwürfe bereits für die heute noch sichtbare Raumsituation konzipiert wurden. In diesem Fall paßt vor allem der schmale Teppich mit *Paulus im Gefängnis* genau in die Wandfläche zwischen Sängerkanzel und versetzter Schranke auf der Seite rechts des Altars. Die Apostelgeschichten sollten also genau umgekehrt wie in Shearmans Rekonstruktion auf die Wände verteilt werden (Abb. 19).

Die beiden Teppiche zu seiten des Altars mit ihren unterschiedlichen Größen bestätigen diese Hängung: Links wurde der *Wunderbare Fischzug* aufgehängt, dessen 440 cm Breite noch maximal 50 cm, eher weniger Freiraum zum damaligen Altar ließen. Der Teppich an der gegenüberliegenden Wandfläche, die *Steinigung des Stephanus*, war mit 370 cm wohl deshalb nochmals deutlich schmaler und gut 40 cm kürzer als das Pendant, weil sich auf dieser Seite noch eine schmale Tür zur Sakristei der Kapelle befand, die offenbar nicht ganz überdeckt werden sollte. Insgesamt hätten in dieser Hängung Paulus und dessen Mission der ‹Heidenkirche› dem Christus-Leben, Petrus und dessen Mission der ‹Judenkirche› dem Moses-Leben korrespondiert, wie in der exegetischen Tradition üblich. Die Petrus-Teppiche hätten zudem passenderweise den Papstsitz links des Altars gerahmt. Allein für den fingierten Bronzefries mit dem Leben des Giovanni de' Medici ergab sich eine etwas kompliziertere, aber in ihrer Logik nachvollziehbare Leseweise: Auf der Altarwand verlief die Erzählung von links nach rechts, wobei der *Stephanus*-Teppich einbezogen wurde. Dann sprang die Folge auf die Petrus-Wand, wohingegen über Eck auf der Paulus-Wand im Fries die ‹Nebenereignisse› der Apostelgeschichte dargestellt waren.

Deutlich wird aus dieser Rekonstruktion der Hängung auch die ungleiche Verteilung der Teppiche, wobei auf der Petrus-Seite noch Platz für einen Teppich innerhalb der Abschrankung gewesen wäre, während gegenüber die *Predigt des Paulus auf dem Aeropag* bereits außerhalb der Schranke angebracht werden sollte. Allerdings schließt dies nicht aus, daß entgegen der ursprünglichen Planung die dann tatsächlich verfügbaren zehn Teppiche so aufgehängt wurden, daß eben der Raum innerhalb der Schranken einigermaßen gefüllt war. Als Rechtfertigung dafür, die *Predigt des Paulus auf dem Aeropag* entgegen der Intention als letzte Szene der Petrus-Folge zu plazieren, hätte sich anführen lassen, daß Paulus ja bereits beim *Tod des Ananias* neben Petrus in Erscheinung trat.

Auch wenn die Apostelgeschichten also wahrscheinlich noch hätten fortgesetzt werden sollen, erweist sich schon die realisierte Szenenfolge als aufschlußreich: Die Darstellung von Stephanus, einem der beiden Protomärtyrer der Kirche, ergänzte die Aufgabe des ‹Menschenfischens› auf der anderen Altarseite durch das Bezeugen des Glaubens unter Einsatz des Lebens. Stephanus hatte zudem seinerzeit in Rom als Diakon die gleiche

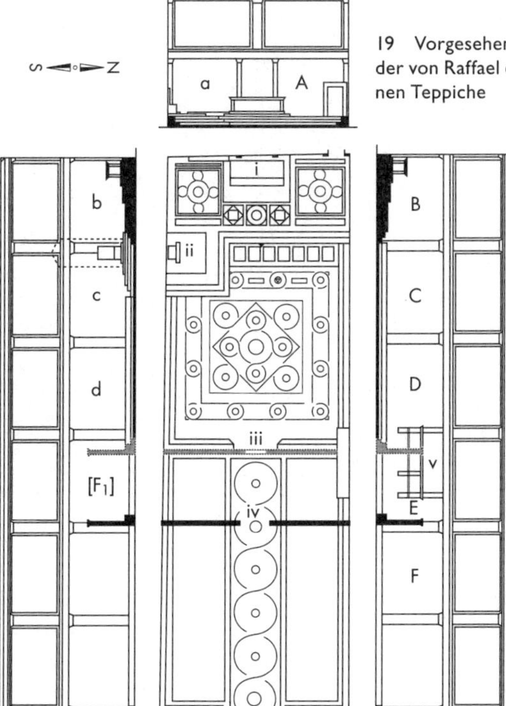

19 Vorgesehene Hängung der von Raffael entworfenen Teppiche

Petrus-Zyklus
- a Wunderbarer Fischzug (492 x 512 cm, mit einer Randbordüre)
- b «Weide meine Lämmer» (484 x 632 cm, mit einer Randbordüre)
- c Heilung des Lahmen (500 x 566 cm)
- d Tod des Ananias (490 x 631 cm)

Paulus-Zyklus
- A Steinigung des Stephanus (450 x 370 cm)
- B Bekehrung des Paulus (465 x 530 cm)
- C Bestrafung des Elymas (beschädigt; 220 x 579 cm)
- D Opfer zu Lystra (482 x 571 cm)
- E Befreiung des Paulus aus dem Gefängnis (478 x 130 cm)
- F Predigt zu Athen (494 x 535, mit einer Randbordüre)

[F_1: Möglicherweise wurde dieser Teppich entgegen der Planung innerhalb der Abschrankung an der Fehlstelle des Petrus-Zyklus aufgehängt]

- i Altar
- ii Sitz des Papstes
- iii Ursprüngliche Position der Abschrankung
- iv Neue Position der vor 1513 versetzten Abschrankung
- v Sängerkanzel

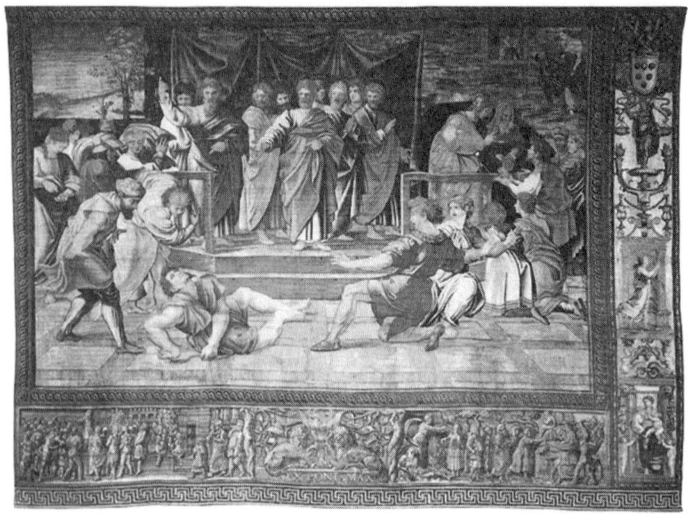

20 Pieter van Aelst (nach der Vorlage von Raffael), Tod des Ananias, 1519/21, Tapisserie, Vatikanische Museen

Funktion innegehabt wie dann der Kardinaldiakon Giovanni de' Medici. Durch Saulus/Paulus in der unteren rechten Ecke dieses Teppichs wurde der Übergang auf die Längswand vermittelt. Dort ergaben sich durch die Szenenauswahl wiederum Bezüge über den Raum hinweg. Dem Auftrag an Petrus: «Weide meine Schafe» entsprach die Bekehrung des Saulus zum Paulus mit der Ankündigung einer zukünftigen, neuen Missionsaufgabe. Der plötzlichen Gesundung als Belohnung (*Die Heilung des Lahmen* durch Petrus) korrespondierte die plötzliche Versehrung als Strafe (*Bekehrung des Prokonsuls* mit der temporären Blendung des Zauberers Elymas durch Paulus). Im dritten Teppichpaar geht es zunächst in einer eher formalen Parallele um den Tod – mit Ananias wird ein Mensch bestraft (Abb. 20), in der Stadt Lystra ein Tier geopfert. Beides resultierte aus katastrophalen Fehleinschätzungen: Ananias hielt seinen Besitz für wichtiger als das Wort Gottes, die Bewohner von Lystra erachteten die Apostel für Götter.

Ihren Höhepunkt erreicht die Programmatik aber in den drei

Petrus-Szenen der Längsseite. In vorausgehenden Bildviten des Apostelfürsten, wie sie nicht nur in Rom, sondern etwa auch in S. Piero a Grado bei Pisa oder in der Brancacci-Kapelle zu Florenz zu finden waren, erscheinen die Episoden des Zinsgroschens, der Predigt Petri und der von ihm anschließend vorgenommenen Taufe, nicht aber das «Weide meine Schafe». In der Sixtina dagegen beauftragt Christus den Petrus mit dem Amt der Kirchenführung direkt neben dem Sitz des jeweiligen Papstes. Die Schlüssel in der Hand des knienden Apostels verbildlichen einmal mehr die übertragene Macht des Lösens und Bindens (Abb. X). Und genau diese doppelte Macht illustrieren dann die beiden an den Papstsitz anschließenden Teppiche: die *Heilung des Lahmen* als Sinnbild für das Erlösen von der Sünde und der *Tod des Ananias* als Bild für das irdische Richten.

Architektur- und Ausstattungssymbolik

Immer wenn die zehn Tapisserien in der Sixtinischen Kapelle aufgehängt wurden, verschafften sie dem Raum nicht nur eine nochmalige, ‹auratische› Steigerung der päpstlichen *maiestas*. Sie ergänzten nicht nur die Bilder der historischen Glaubensereignisse um die noch fehlenden Lebensstationen der beiden Apostelfürsten. Und sie stellten auch nicht nur Leos Stiftung in eine lange päpstliche Tradition. Die Teppiche verstärkten auch die symbolischen Bezüge zur heilsgeschichtlichen Vergangenheit und Zukunft.

Ganz allgemein scheinen Tapisserien, insbesondere wenn sie wie in der Sixtina mit Gold durchwirkt waren und in Verbindung mit Musik, Lichteffekten und rituellen Handlungen inszeniert wurden, für die Betrachter der Renaissance Paradieses- und Himmelsassoziationen geweckt zu haben. Bei Teppichen unter einem gemalten Moses-Zyklus hätte außerdem die Erinnerung an die von Moses verantwortete Ausstattung der Stiftshütte nahegelegen. Deren Wandverkleidung bestand aus zehn Teppichen mit eingestickten Cherubimen, die zu zwei Fünfergruppen aneinandergereiht waren (Ex. 26 und 36). Die Stiftshütte lieferte im Alten Testament das Modell für den Salomonischen Tempel.

Beide hatten die gleiche Grundanlage der Raumordnung, und auch von hier ergaben sich Verbindungen zur Sixtina. Im Tempel wie in der Kapelle verhalten sich Länge zu Breite wie 3 zu 1 und Länge zu Höhe wie 2 zu 1. Möglicherweise stellt die Sixtina sogar in ihren tatsächlichen Abmessungen den Versuch dar, die historischen Maße des Tempels zu rekonstruieren. Tempel wie Kapelle waren in einen ‹allerheiligsten› und einen ‹äußeren› Bereich unterteilt. Manetti, der Nikolaus V. aufgrund seiner Bauprojekte für bedeutender als den Architekten des Salomonischen Tempels hielt, überliefert zudem, daß nach der Vorstellung dieses Papstes die *capella maxima* einen «riesigen Vorhof» erhalten sollte, wie er sich auch beim Tempelbau in Jerusalem fand. Schon 1438 war wenige hundert Meter entfernt an zweien der gedrehten Säulen von Alt-St. Peter eine Inschrift angebracht worden, daß diese aus dem Tempel in Jerusalem stammten – Raffaels Teppich *Die Heilung des Lahmen ev*oziert den Tempel ebenfalls über diese Säulen. Schließlich standen auf der Abschrankung der Sixtina ursprünglich sieben Kerzenständer, die zurück auf den siebenarmigen Leuchter des Tempels und voraus auf die sieben apokalyptischen Leuchter verwiesen und zugleich die sieben bei Papstmessen vorgeschriebenen Kerzen repräsentierten. Unter Sixtus IV. war auf dem Forum auch der Titus-Bogen so weit wieder freigelegt worden, daß sein Relief mit der Überführung des jüdischen Tempelschatzes nach Rom wieder zutage gekommen war. Der Humanist Lilio Tifernates deutete dies in seiner Übersetzung von Philo Judaeus' *Leben des Moses* sofort auf den Papst: «Der [siebenarmige] Leuchter repräsentiert den Bund mit Gott, der an Eure Heiligkeit überführt wurde.» Sixtus IV. scheint sich tatsächlich als Salomon und neuer Tempelbauer inszeniert zu haben. Darauf verweist etwa Julius II. in einer Bulle vom 19. Februar 1513. Vor allem aber verkündet dies in der Kapelle selbst die goldene Inschrift auf dem Triumphbogen von Peruginos *Schlüsselübergabe*: «Sixtus IV. – Du, der Du an Reichtümern zurückstehst [gegenüber Salomon], aber [diesen] in der Religion übertriffst, hast diesen riesigen Salomonischen Tempel eingeweiht.»

Von dieser Inschrift abgesehen, sind alle anderen genannten

Bezüge nicht zwingend. Ein Teil der Forschung hat darauf hingewiesen, daß die Abmessungen der Sixtina zumindest in Länge und Breite auf den Vorgängerbau zurückgehen. Und nicht die Sixtina, sondern viel eher der Neubau von St. Peter würde dem Tempel entsprechen, wie schon Manetti und Aegidius von Viterbo betonten. Schließlich ließe sich der Rekurs auf Stiftshütte und Tempel symbolisch für jede Kirche geltend machen. So hatte Durandus von Mende vor 1286 in seinem *Rationale divinorum officiorum* (I, 1, 5–9) festgestellt: «Von beiden, d.h. der Stiftshütte und dem Tempel, hat unsere ‹materielle Kirche› [also der Kirchenbau] seine Form übernommen. [...] Die materielle Kirche [...] verweist auf die [spirituelle] Kirche, die im Himmel aus ‹lebenden Steinen› [d.h. den Gläubigen] erbaut wird.» Zeitlich näher werden in der *Summa de ecclesia* des 1468 in Rom verstorbenen Johannes de Turrecremata alle diese Sinnbilder für die Kirche ausführlich besprochen, um dann zu einer noch umfangreicheren Argumentation zugunsten der absoluten *plenitudo potestatis* (Machtfülle) des Papstes überzuleiten. Die lange Tradition und Allgemeinheit der Bezüge schließt jedenfalls nicht aus, daß diese in der Sixtina, wo Heilsgeschichte und Typologie, *ecclesia militans* und zukünftige paradiesische Gottesstadt eine so zentrale Rolle spielen, besonders gut funktionierten.

Allein ein Aspekt scheint der hier entwickelten Semantik zu widersprechen: der Außenbau der Sixtina mit seinem betont fortifikatorischen Charakter. Die Kapelle überragte die ersten Jahrzehnte alle anderen Gebäude des Vatikans mit ihren hohen, weitgehend geschlossenen Mauern und dem abschließenden Zinnenkranz (Abb. 21). Nun wurde genau in den Jahren, von denen hier die Rede ist, die Vorstellung von der *ecclesia militans*, der kämpferischen Kirche auf Erden, als einer turmartigen Festung propagiert, an der alle Glaubensfeinde scheitern müssten. In der ab 1465/70 im Druck vorliegenden erfolgreichen Streitschrift *Fortalitium Fidei* etwa, der *Glaubensfeste* des spanischen Dominikaners Alfonso de Spina, werden zahlreiche auch für die Sixtina relevante Fragen (zum Beispiel über das Jenseits) detailliert erläutert. Mehr noch: Nicht nur die irdische Kirche, auch die Himmelsstadt oder zumindest ihr Torbau wurden im

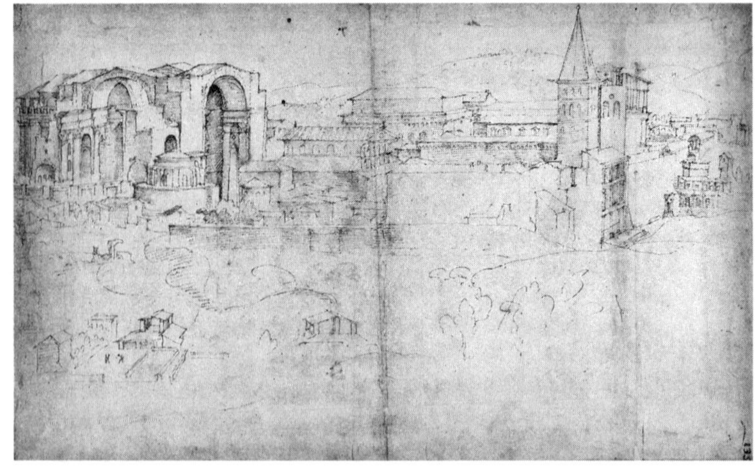

21 Marten van Heemskerck, Alt-St. Peter im Abriß, Neubau von Chor und Vierung (links), dahinter in der Mitte die Sixtinische Kapelle, zwischen 1532 und 1535/36, Federzeichnung, Staatliche Museen zu Berlin, Kupferstichkabinett

Italien des 15. Jahrhunderts zumeist als zinnenbekrönte turmartige Struktur dargestellt. Auch der Außenbau der Sixtina hätte also erlaubt, an eine irdische Version der Vorhalle zum Paradies zu denken.

Antipoden

Die Kunstaufträge des Vatikans lassen sich ab Ende 1508, als Raffael in Rom ankam, auch als fortgesetzte große Künstlerkonkurrenz zwischen Raffael und Michelangelo beschreiben. Bramante scheint seinen Landsmann aus Urbino besonders protegiert zu haben, so daß sich in der Folge Michelangelos Verhältnis auch zu Bramante verschlechterte. Raffael änderte unverkennbar seinen Malstil, als er Michelangelos Fresken der Sixtinischen Decke sehen konnte. Vasari machte daraus eine seiner für spätere Vorstellungen einflußreichen Künstlergeschichten. In der Vita Michelangelos behauptet er, Bramante habe versucht, die Ausmalung der zweiten Hälfte der Decke gleich an Raffael vergeben zu lassen. In der Vita Raffaels liest man: «[Als

Michelangelo in Florenz war,] hatte Bramante die Schlüssel zur Kapelle und ließ nun Raffael, seinen Freund, die Arbeiten Michelangelos sehen, damit er von dessen Verfahrensart Nutzen ziehen könne. [...] die Anschauung der Gestalten Michelangelos brachte ihn [Raffael] dahin, seinem Werk eine bedeutendere Größe und mehr Würde zu verleihen. Michelangelo aber, der nachmals die Arbeiten Raffaels sah, dachte – und nicht mit Unrecht –, Bramante habe ihm dieses Übel zugefügt, um Raffael Ruhm und Nutzen zu erwerben.»

Umgekehrt läßt sich zumindest darüber spekulieren, ob Michelangelo die Deckenfresken ganz gegen seine Gewohnheit nicht auch deshalb so schnell und konsequent zu Ende brachte, weil Raffael nur wenige hundert Meter entfernt mit dem gleichzeitig 1512 vollendeten päpstlichen Arbeitszimmer, der Stanza della Segnatura, ebenfalls ein neues Wunder und Vorbild der Malerei schuf. Daß beide Ausmalungen sofort miteinander verglichen wurden, belegt ein Gesandtenbericht von Anfang Juli 1512: Alfonso d'Este durfte ausnahmsweise die fast fertige Sixtina-Decke noch vom Gerüst aus sehen und bestaunte sie so lange, daß sein Gefolge unterdessen auch schon Raffaels neue Fresken ansah. Wurde Raffael für seine Erzählkunst und ‹Grazie› gerühmt, erlangte Michelangelo den Gipfel in der Darstellung des menschlichen Körpers und in der ‹erschütternden Wirkung›. Bediente sich Raffael einer großen Werkstatt, in der äußert geschickt und zugleich ökonomisch die Entwürfe und Kartons des Meisters umgesetzt und wiederverwendet wurden, versuchte Michelangelo den Eindruck zu erwecken, ohne jede Hilfe in heroischer Kraftanstrengung alles selbst und jedesmal ganz neu zu malen. Stilisierte sich Raffael zum perfekten Höfling, tat Michelangelo alles, um als melancholischer Einzelgänger zu gelten.

In einer Hinsicht war Raffael dem Konkurrenten Michelangelo aber voraus. 1508/10 hatte der Bologneser Kupferstecher Marcantonio Raimondi drei Nachstiche mit Figuren aus Michelangelos Florentiner Karton der *Cascina-Schlacht* vorgelegt, ohne daß seine künstlerisch noch etwas tastend ausgeführten Versuche den Meister besonders beeindruckt zu haben scheinen. Dabei findet sich auf einem der drei Blätter wohl erstmals in der Geschichte der Druckgraphik die Unterscheidung von ‹Erfinder› – Michelangelo – und ‹Stecher› – Raimondi – in der Signatur. Raimondi versuchte sein Glück dann erneut in Rom (möglicherweise stach er auch das dritte Blatt nach der *Cascina-Schlacht* erst dort): Die zwei Stiche nach Michelangelos *Vertreibung aus dem Paradies* und nach den beiden guten Söhnen aus *Noahs Verspottung* könnten bereits 1511 aufgrund von Zeichnungen entstanden sein. Als auch diese Stiche wenig Wirkung zeitigten, reproduzierte Raimondi 1512 erstmals eine Zeichnung Raffaels. Und der Urbinate erkannte das Potential des neuen Vervielfältigungsmediums für die Verbreitung seines Künstlerruhms sofort. Raimondi arbeitete nun exklusiv mit Raffaels Bilderfindungen. Bereits um 1514 kamen zwei weitere Stecher, Agostino Veneziano und Marco Dente, sowie eine Art ‹Verlagsleiter› hinzu, um die Fülle an Reproduktionsgraphiken zu bewältigen. Auch die Kartons von Raffaels Sixtina-Teppichen wurden so, kaum daß sie vorlagen, aller Welt bekannt gemacht (Abb. 22).

Raffael war dabei technischen Verbesserungen gegenüber aufgeschlossen. 1516 erhielt Ugo da Carpi vom Senat in Venedig ein Privileg auf das von ihm angeblich neu entdeckte, von Lukas Cranach und Hans Burgkmair jedoch schon vorher angewandte Verfahren des Chiaroscuro-Holzschnittes. Dabei wurde ein Motiv von zwei oder mehr Platten gedruckt, wodurch sich unterschiedliche Ton- und Helligkeitswerte erzielen ließen. 1518 wurde Ugo von Leo X. auch ein Privileg für Rom gewährt. Er scheint daraufhin sofort einige von Raffaels Teppichentwürfen in der neuen Technik vorgelegt zu haben. Das Ergebnis dieser Drucke, die teils nur mehr mit verschiedenen Farbtönen und ohne dunkel gedruckte Begrenzungslinien arbeiten, muß für die Zeitgenossen eine spektakuläre Seherfahrung gewesen sein (Abb. XI).

Möglicherweise mißtraute Michelangelo dieser einflußreichen Art der ‹Verfälschung› seines Zeichenstils. Seine Fresken mußten individuell kopiert werden. Dies könnte der Mitarbeiter Aristotile da Sangallo mit Billigung des Meisters bereits um

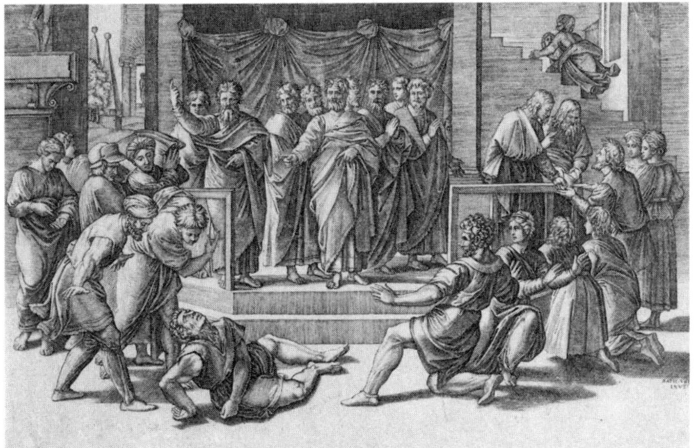

22 Agostino Veneziano, Kupferstich nach Raffaels Karton für den Teppich mit dem *Tod des Ananias*, um 1516 (?), London, Victoria & Albert Museum

1509/10 auf dem Gerüst (oder aber erst in den 1520er Jahren) mit den Szenen der *Versuchung* und der *Vertreibung* getan haben. Vasari berichtet von dessen heute verschollenen großformatigen Gemälden. Sie belegen im Verein mit anderen frühen Kopien von Werken Michelangelos, daß dieser keine prinzipiellen Einwände gegen solche Reproduktionen hatte. Den überragenden Wert der Druckgraphik aber für die europaweite Verbreitung und für seinen Nachruhm scheint Michelangelo erst wesentlich später eingesehen zu haben. Vor den 1540er Jahren wurden nur vereinzelte Szenen und Figuren der Decke gestochen. Ab dann finden sich zusammenhängende Folgen von Figuren, die teils auch die rahmende Scheinarchitektur der Decke erkennen lassen (Abb. 23). 1543 setzen auch die zahllosen Reproduktionen des *Jüngsten Gerichts* ein, das offenbar aufgrund der heftigen Diskussionen über dieses Gemälde besonders begehrt und kommentierungsbedürftig war.

Bezeichnend scheint zu sein, daß vor dieser größeren Verbreitung von Druckgraphiken nach Michelangelos Sixtina-Fresken krasse Irrtümer möglich waren. Zumindest in dem Reisebericht des Frankfurter Juristen Johannes Fichard von 1536 hatte Raf-

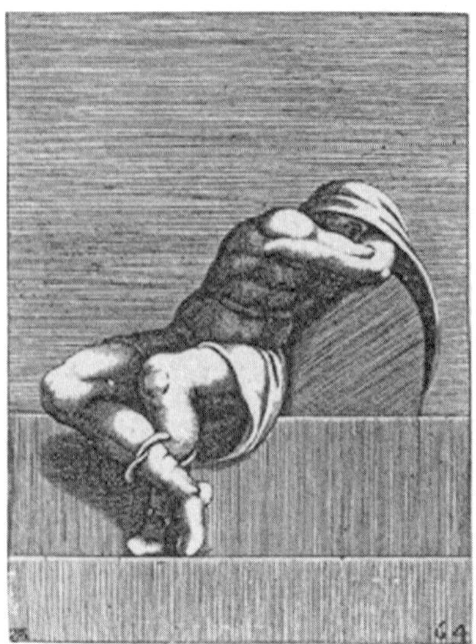

23 Adamo Scultori, Kupferstich nach einer zerstörten Lünetten-Figur von Michelangelos Decke, um 1550, Biblioteca Apostolica Vaticana

fael den Wettstreit mit seinem Konkurrenten eindeutig für sich entschieden, vermerkte Fichard doch in seiner ansonsten sorgfältigen lateinischen Beschreibung, die gesamte Kapelle sei von dem Urbinaten ausgemalt worden: «Die herausragenden Räume sind in diesem Palast [...] die päpstliche Kapelle und die Bibliothek. Die Kapelle ist rechteckig, die Länge von mittleren Ausmaßen. Der Bereich, in den der Papst, die Kardinäle und Bischöfe mit ihren Begleitern hineingehen, wo sie sich versammeln und wo sich der Altar befindet, ist durch Baluster und Gitter aus vergoldetem Metall bei etwas über Dreivierteln der gesamten Raumlänge abgetrennt von dem Platz, wo die Gäste und das Volk stehen. [...] Der Fußboden dieser Kapelle ist aufs Reichste geschmückt mit unterschiedlichem Marmor, mit verschiedenen Kreisornamenten und anderen feinen Mosaikeinlegearbeiten. [...] Hochberühmt ist diese Kapelle nach Urteil aller Maler aufgrund der unvergleichlichen Malereien des Raphael von Urbino, obgleich deren Farben nun mehr als gewöhnlich verdunkelt erscheinen, was ohne Zweifel auf das tägliche Verräuchern zurückgeht. Die ganze Kapelle ist ausgemalt.»

Das Tor zur Ewigkeit: Michelangelos Jüngstes Gericht, Clemens VII. und Paul III.

Michelangelos *Jüngstes Gericht* führte die Betrachter in eine Extremsituation, an die Grenzen des menschlichen Wahrnehmungs- und Erkenntnisvermögens (Abb. XII). So wie Dante in der *Göttlichen Komödie* auf seinem Weg durchs Jenseits vor allem beim Aufstieg zum Paradies und zur Gottesschau sukzessive die Gnade übermenschlicher Sinneswahrnehmung und Erkenntnis verliehen werden mußte, damit er die visionären Bilder und Eindrücke ertragen und erkennen konnte, bevor dann beim finalen Anblick Gottes die «alta fantasia» des Dichters endgültig versagte, so reizte Michelangelo die Möglichkeiten und Grenzen des Darstell-, Wahrnehm- und Erkennbaren aus. Piermatteo d'Amelia hatte mit seiner Sternendecke den äußersten Rand der geschaffenen, sichtbaren Welt gemalt und das darüber befindliche Reich Gottes ganz in die Imagination der Betrachter verlegt. Michelangelos Decke griff diese Idee auf, dachte sie weiter in Richtung auf Vorstellungen, Bildmetaphern und Assoziationen zu den Mauern des Himmlischen Jerusalems und zur Himmelspforte als dessen triumphalem Zugang. Der Blick des Jonas an die Decke, aber auch die unterschiedlichen Realitätsstufen der Bildfelder verweisen hier auf die Möglichkeiten und Grenzen von Malerei. Mit dem Fresko der Auferstehung des Fleisches und des Jüngsten Gerichts wagte der Maler dagegen, die Wiederkunft des göttlichen Richters und die beginnende Aufhebung der irdischen Kategorien von Zeit, Raum und Körper als Vision direkt darzustellen.

Anders als etwa Signorelli in Orvieto verzichtete Michelangelo auch auf jeden ‹kommentierenden Rahmen›. Die unmittelbare Präsenz und leuchtende Klarheit unzähliger Körper war so noch an keinem anderen Ort zu sehen gewesen. Indem die neuartige Bildsprache auf diese Weise die Mal- und Sehkonventionen der Zeitgenossen radikal in Frage stellte, veränderte und erschütterte, wollte Michelangelo scheinbar die Erfahrung der kategorialen Veränderung unserer menschlichen Wahrnehmung und Erkenntnis mit dem Jüngsten Tag vorwegnehmen. Der künstlerische Wagemut wie die in diesen Jahren entscheidend intensivierte Religiosität Michelangelos zielten auf den paradoxen Effekt und auf die übermenschliche Bewußtseinserweiterung, in der Betrachtung des Freskos das visuelle und körperliche Erlebnis des Jüngsten Tages vorauszuahnen.

Zumindest einige zeitgenössische Reaktionen auf das enthüllte Fresko scheinen – über topische Formulierungen und Ideen hinaus – damit zu ringen, genau diese Erfahrung in Worte zu fassen. «Hat Gott selbst nicht auf wundersame Weise in deiner Vorstellungskraft die Idee zu diesem erschütternden *Jüngsten Gericht* geschaffen [...]. Kann man daher nicht zu Recht sagen, daß es einen Michael als Gottes Boten im Himmel gibt [d.h. den Erzengel] und einen auf Erden [d. h. Michelangelo] als einzigen Sohn und alleinigen Nachahmer der Natur?» Oder mit direkter Anspielung auf die zitierte Formulierung Dantes: «Er [Michelangelo] hat [...] im heiligen Tempel des Vatikans aus Eurer [ob Gottes oder Michelangelos wird bewußt offen gelassen] hochmögenden Phantasie [«alta fantasia»] einen großen und erschütternden Gott geschaffen.» Und im Hinblick auf die körperliche Reaktion vermutet ein Bewunderer: «Ich frage mich, ob ich nicht – wenn ich denn vor dem *Jüngsten Gericht* stehe – geradezu paralysiert sein und in diesem süßen Zustand meinen letzten Atemzug tun werde, zum Himmel emporfliegend (durch Gottes Gnade) und ausrufend: ‹Michelangelo, mein Göttlicher!›»

Daß eine solche malerische Grenzerkundung, ja Grenzüberschreitung hinsichtlich des theologischen Gehalts und der christlichen Bildtradition im Zentrum der katholischen Kirche – zumal in den Jahren des Konzils von Trient (1545–1563) – auch schwere Irritationen und schärfste Kritik hervorrief, versteht sich. Angeblich bemängelte bereits der Zeremonienmeister Pauls III., Biagio da Cesena, die vielen nackten Gestalten würden in eine Badestube, nicht aber in die wichtigste Kapelle der

Welt passen. Vasari kolportiert das Gerücht, Michelangelo habe zur Strafe für diese Bemerkung dem schlangenumwundenen Minos am Eingang zur Hölle die Gesichtszüge Biagios verliehen. Unmittelbar nach der Fertigstellung wurde das *Jüngste Gericht* so nicht nur zum am höchsten gerühmten Beitrag der Sixtinischen Kapelle, sondern auch zu dem am ausführlichsten verurteilten Gemälde, das Europa bis dahin gesehen hatte. Seine Wirkmacht wandte sich schließlich ikonoklastisch gegen sich selbst: Paul IV. (1555–1559) überlegte ernsthaft, das Fresko wieder abschlagen zu lassen. Erst die Übermalung allzu offensiv nackter Körperpartien mit Kleidern durch Daniele da Volterra – ein Vorgang, der diesem den Spitznamen ‹braghettone›, ‹Hosenmaler›, eintrug – ‹entschärfte› und rettete Michelangelos zweiten Beitrag zur Kapelle, der laut Vasari die Ausmalung der Decke an Vollendung sogar noch übertraf.

Jenseits der Grenzen

Um die Mitte der 1520er Jahre präsentierte sich die Sixtinische Kapelle nicht mehr im besten Zustand. Der 1522 zusammengebrochene Türsturz des Haupteingangs war zwar ausgebessert, aber die beiden schwer beschädigten Historienbilder darüber blieben für Jahrzehnte Ruinen. In der Karwoche 1525 fing zudem ein Vorhang Feuer, der in der Fastenzeit das Altarbild verdeckte. Peruginos Malereien dürften dabei in Mitleidenschaft gezogen worden sein. Die katastrophalen Verhältnisse an der Kurie – die internen Mißstände und die Krise der päpstlichen Autorität –, vor allem aber der Beginn der Reformation, Kriege in Italien und schließlich 1527 der *Sacco di Roma*, die Plünderung der Ewigen Stadt durch die führerlosen Truppen Karls V., scheinen eine schnelle Instandsetzung zunächst verhindert zu haben.

Zwischen 1530 und 1533 besserte sich die Situation. 1533 gab dann der Medici-Papst Clemens VII. (1523–1534) Michelangelo den Auftrag, Eingangs- und Altarwand der Sixtina mit monumentalen Fresken neu zu gestalten. Die erste Quelle, die ein konkretes Thema erwähnt, spricht im Februar 1534 von einer «resurrectione», einer «Auferstehung», für die Altarwand. Einige Forscher deuten dies als Hinweis auf eine Auferstehung Christi – das Thema des zerstörten Freskos der Eingangswand wäre dann hinter den Altar verlegt worden. Plausibler scheint, daß damit bereits die Auferstehung allen Fleisches zum Jüngsten Gericht gemeint war, wie dann realisiert. Für die Eingangswand überliefert Vasari, daß ein Engelssturz geplant gewesen sei. Dem Ende der Zeiten auf der Westseite sollte demnach der Beginn der Zeiten im Osten korrespondieren – galt der Engelssturz doch als Auftakt zur Weltschöpfung.

Wie seine großen Amtsvorgänger wollte sich also auch Clemens in der Sixtina ein Monument setzen. Und wie sein Vorgänger Julius II. war Clemens bereit, vorhandene Fresken der Kapelle für das neue Projekt zu opfern: die beiden Ereignisbilder des 15. Jahrhunderts auf der Altarwand zur Geburt Christi und Auffindung des Moses-Knaben, den Beginn der Papstreihe darüber sowie Michelangelos eigene, erst 1512 vollendete Lünetten unter der Decke. Dagegen sollte Peruginos freskiertes Hochaltarbild zunächst erhalten bleiben. Die frühen Entwurfszeichnungen Michelangelos für das *Jüngste Gericht* zeigen das Hochrechteck des Altarbildes noch ausgespart. Die dort dargestellte Himmelfahrt Mariens, mit der sich die Pforten von Gottes Reich erstmals nach Christi Auferstehung für einen Menschen öffneten und die auf die allgemeine Auferstehung vorauswies, ließ sich bestens integrieren.

Anhand der Vorzeichnungen kann man zwei entscheidende Planungsphasen ausmachen. Eine erste ist nur durch zwei Nachzeichnungen in London und New York dokumentiert, die beide auf eine ausgearbeitete Präsentationszeichnung Michelangelos zurückzugehen scheinen. Sie dürften damit den von Clemens VII. gebilligten Entwurf überliefern. Charakteristisch ist hier die zentrale Stellung des Erzengels Michael mitten über dem ausgesparten Altarbild. Der Papst verehrte Michael besonders, hatte er doch in der Engelsburg, die diesem Erzengel geweiht war, den *Sacco* überstanden. Außerdem dürfte der streitbare Gottesbote willkommener Ausdruck für die *ecclesia militans* in diesen widrigen Zeiten gewesen sein.

Doch Clemens VII. starb im September 1534, noch bevor Michelangelo überhaupt die Malfläche vorzubereiten begonnen hatte. Der Nachfolger, Paul III. Farnese (1534–1549), unternahm, kaum hatte er sein Amt einigermaßen angetreten, offenbar alles, damit Michelangelo das Vorhaben auch weiterführte. Condivi berichtet von dem unerhörten Gunstbeweis des Pontifex, der in Begleitung von acht oder zehn Kardinälen selbst in die Werkstatt Michelangelos gekommen sei – so wie in der Antike angeblich Alexander der Große den Maler Apelles aufgesucht hatte. Fest steht, daß Paul den Künstler im September 1535 bereits mit Blick auf die Arbeit am *Jüngsten Gericht* zum «obersten Architekten, Bildhauer und Maler Unseres Apostolischen Palastes» ernannte. Der Erlaß des Papstes aus dem folgenden Jahr mit dem Auftrag zur Ausmalung diente dann wohl vor allem dem Schutz Michelangelos, der damit von allen anderen Verpflichtungen – insbesondere dem Julius-Grabmal – freigestellt wurde. Trotz der Versicherung Vasaris, Paul habe Michelangelo dessen eigentlich für Clemens erarbeiteten Entwurf unverändert ausführen lassen, bezeugen zwei wichtige Studienzeichnungen in Florenz (Abb. XIII) und Bayonne eine neue Planungsphase. Immer noch sollte Peruginos Altarbild erhalten werden. Der relativ statisch in der Mitte stehende Michael aber wurde auf dem Florentiner Blatt ausradiert und durch eine Kampfgruppe ersetzt, außerdem wurden Figuren umgestellt.

Bevor Michelangelo 1536 nach einem nochmals modifizierten Entwurf die Ausführung begann, ließ er die gesamte Altarwand so abmeißeln und herrichten, daß sie sich um rund 30 cm nach vorne neigte. Der Aufwand für diese vorbildlose Wandvorbereitung zeigt, wie intensiv Michelangelo den neuartigen optischen Gesamteffekt seines Freskos plante. Nach fünf Jahren Arbeit wurde das Fresko am Vorabend des Allerheiligenfestes, dem 31. Oktober 1541, feierlich enthüllt. Seine über 300 weitgehend nackten Figuren scheint der Meister dieses Mal tatsächlich weitgehend ohne Gehilfen ausgeführt zu haben. Zu überlegen wäre, ob sich in dieser gewaltigen Anstrengung nicht erstmals abzuzeichnen beginnt, was dann für die Skulpturen von Michelangelos Spätwerk offensichtlich gilt: daß Michelangelo seine Kunst als eine Art persönlichen Gottesdienst, als körperliche Buße und geistige Devotion verstand.

Michelangelos riesiges Bild, das ohne jede Rahmung die gesamte Fläche der Stirnwand, rund 17 auf 13,3 Meter, einnimmt, reißt den Abschluß der Kapelle optisch weg (Abb. XII). Der gesamte Raum, in dem sich zuvor unterschiedliche Richtungsimpulse weitgehend aufgehoben hatten, erhält nun einen dezidierten ‹Sog›. Es öffnet sich eine schmale Raumbühne auf einen hügeligen Bodenstreifen, dessen Horizontlinie in einen raumlosen, ‹ewigen› Himmel übergeht. Darüber erscheint Christus als Weltenrichter, umgeben von den himmlischen Heerscharen in zwei konzentrischen Kreisen. Den inneren Kreis mit Aposteln, Patriarchen, Propheten und anderen alttestamentarischen Gestalten führen die herkulischen Gestalten von Johannes dem Täufer (Vasari spricht weniger überzeugend von Adam) und Petrus an. Zu deren Füßen kauern Laurentius und Bartholomäus, in dessen abgezogener Haut erst 1925 das Selbstbildnis Michelangelos wiedererkannt wurde. Johannes der Täufer, Petrus und die anderen Apostel gehören dabei zur letzten Planungsphase und erscheinen so noch auf keiner Vorzeichnung. Denn zumindest die Apostel waren ja auf Peruginos Altarbild präsent. Dessen Wegfall scheint im übrigen auch für die neue Rolle und Position Mariens verantwortlich zu sein: Das Altarbild stellte sie als Himmelskönigin dar. Auf den Entwurfszeichnungen agierte sie als Bittende für die Menschheit. Im ausgeführten Fresko schmiegt sie sich an die Seite Christi und in dessen Lichtgloriole. Sie scheint so fast die Geburt der Eva aus der Seite Adams rückgängig zu machen und – als Sinnbild der Kirche – wieder in Christus aufzugehen. Darüber in den Lünetten präsentieren flügellose Engel die Leidenswerkzeuge Christi als Ausweis für dessen Überwindung des Todes.

Im äußeren Kreis sind dann weitere Heilige, teils zu Chören gruppiert, andeutungsweise erkennbar: Andreas, Sebastian, Katharina von Alexandrien, Blasius. Man hat den Eindruck, dieser Kreis setze sich nach unten in einer Schar von Gestalten fort, die bis an die Grenze des realen Kapellenraums herankommen, wenn nicht gar in diesen hineinragen: in der Mitte eine Gruppe von Engeln, die die Posaunen des Jüngsten Gerichts blasen und die Bücher mit den Namen der Erlösten und Verdammten vorweisen; zur Linken helfen flügellose Engel den Erretteten ins Himmelreich; zur Rechten ziehen Dämonen die Verdammten in die Tiefe. Daß sich die Seelen für ihren Aufstieg teils an Rosenkränzen festhalten, wird gegensätzlich gedeutet: Entweder verbildlichte Michelangelo hier die durch die Reformation in die Kritik geratene katholische Lehre von den guten Taten, die beim Gericht mitzählen würden. Oder aber der Umstand, daß nur Gebetsschnüre zu sehen sind, verweist gerade auf die gegenteilige Vorstellung, wonach die Erlösung *sola gratia*, durch Gnade allein, zu erlangen sei. Auf dem Bodenstreifen spielt sich links die Auferstehung der Toten ab. In der Mitte öffnet sich ein Einblick in eine unterirdische Höhle mit Dämonen, die an das Fegefeuer denken läßt. Rechts daneben zwingt der Fährmann Charon die Verdammten, auf seinem Nachen über den Acheron zu setzen. Jenseits des Flusses öffnet sich der feurige Eingang zur Hölle mit der schlangenumwundenen Gestalt des Minos (nach Dante, Inferno III, 109–120, und V, 4–12).

Mit dieser kompositorischen Gesamtanlage reagiert das Fresko auch sehr geschickt auf die restliche Kapellenausstattung und die liturgischen Anforderungen. Anstatt von konzentrischen Kreisen im Raum um Christus ließe sich auch von drei Registern sprechen: dem Geschehen auf der Erde, das der ‹irdischen Wirklichkeit› in der Kapelle zugeordnet ist; der Zone der Engel mit den Erretteten und Verdammten, die das Band der Quattrocento-Fresken fortzusetzen scheint; und der Gruppe von Christus und Petrus als Rekurs auf den ehemals an dieser Stelle befindlichen Beginn der Papstreihe. Schließlich treten die Engel mit Kreuz und Martersäule in typologischen Bezug zu den alttestamentarischen Zwickelszenen darüber, zu *Haman am Kreuz* und zur *Ehernen Schlange*.

Direkt über dem Altar, an der Stelle des ehemaligen Altarbildes, scheint dagegen bewußt weniger Entscheidendes dargestellt zu sein. Diese Stelle wurde teils durch das Altarkruzifix und durch Kerzen, teils durch ephemere Altaraufbauten verdeckt, wie auf dem Stich von 1578 zu sehen ist (Abb. 3). Im gesamten

Fresko nimmt außerdem von unten nach oben die Figurengröße zu, wodurch das Bild nicht nur zwischen dem kleinen Figurenmaßstab der Quattrocento-Fresken und den Monumentalgestalten der Decke vermittelt. Christus und seine unmittelbaren himmlischen Begleiter gewinnen auch dadurch – und nicht nur durch die sich nach vorne neigende Wand – eine übernatürliche Präsenz, die in irritierender Spannung zu ihrer eigentlich perspektivisch anzunehmenden Ferne steht.

Schlüsselgewalt

Die konträren Reaktionen der Zeitgenossen auf das Werk setzten sich in der kunsthistorischen Forschung fort. Es dauerte bis um 1900, ehe eine Auseinandersetzung mit dem *Jüngsten Gericht* nicht immer sofort eine ästhetische Wertung provozierte und ehe eine zumindest der Intention nach ‹distanzierte› historisch-kritische Interpretation möglich wurde. Dennoch hätten die Einschätzungen nicht unterschiedlicher ausfallen können: So betonte bereits 1907 der Jesuit Joseph Sauer, daß trotz der Sonderstellung des Freskos die Themenwahl und der Anbringungsort an der Altarwand im Kontext der vorhandenen Bildausstattung der Kapelle schlüssig nachzuvollziehen seien. Praktisch gleichzeitig bezeichnete der Kunsthistoriker Karl Justi 1909 das Riesengemälde als in jeder Hinsicht «anormal» – und vor allem diese Auffassung prägte in der Folge die Wahrnehmung.

Die vorausgehenden Weltgerichtsdarstellungen – von den mittelalterlichen Beispielen in Pomposa, S. Angelo in Formis, Torcello, Florenz und Rom selbst über Giottos Arena-Kapelle in Padua und Buffalmaccos Fresko im Pisaner Camposanto bis hin zu Fra Angelicos und Fra Bartolommeos Werken in Florenz und Signorellis Cappella Brizio im Dom von Orvieto (Abb. 24) – dienten vor allem dazu, Michelangelos Sonderstellung zu betonen. Wenig überzeugt hat der Versuch, in dem bereits 1506 vollendeten Gedicht über das Weltgericht *Iudicium Dei supremum de vivis et mortuis* des Giovanni Sulpizio Verolano eine konkrete Textvorlage nachzuweisen. Dagegen sei hier vorgeschlagen, eine Gruppe kaum beachteter Jenseitsdarstellungen konse-

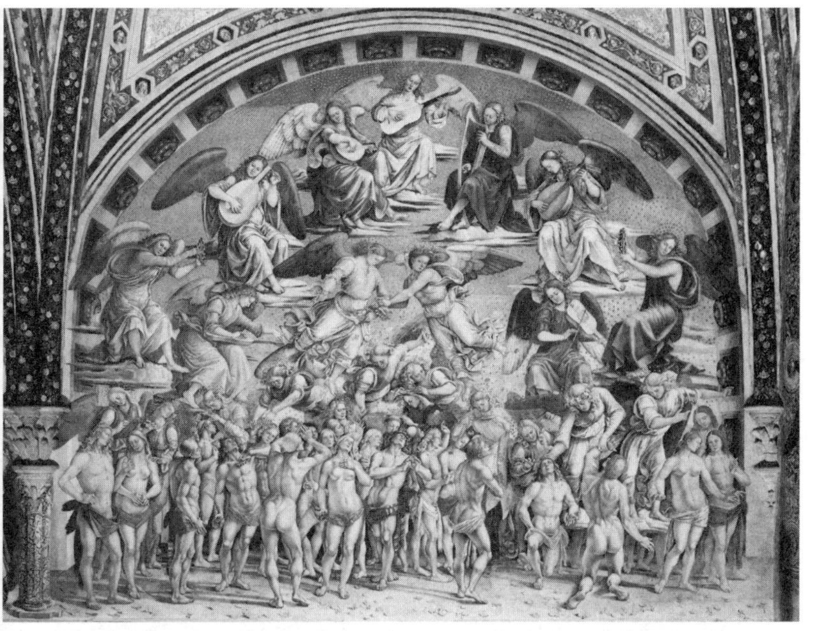

24 Luca Signorelli, Krönung der Erwählten im irdischen Paradies, 1500/02, Fresko, Orvieto, Dom, Cappella Brizio

quent in den Blick zu nehmen, die zwar Michelangelos Bild nicht erklären, aber zumindest die Vorstellungen der Auftraggeber annähernd zu kontextualisieren erlauben.

Um die Plazierung des *Jüngsten Gerichts* hinter dem Altar verständlich zu machen, ließe sich zunächst anführen, daß die Sixtina, wie St. Peter auch, ausnahmsweise gewestet ist und die Szene hier also geographisch in die ‹richtige Richtung› verweist, aus der die Ankunft des Weltenrichters erwartet wurde. Betonen ließe sich zudem, daß der Palastkapelle des Papstes insofern eine Sonderstellung in der Gerichtsikonographie zukommt, als der Papst auch im Richteramt als Christi Stellvertreter agiert. Die Ereignisse am Jüngsten Tag besaßen hier eine spezifische und nicht nur allgemein mahnende Bedeutung wie bei anderen Kirchen- und Kapellenausstattungen. Eine Miniatur, die im spä-

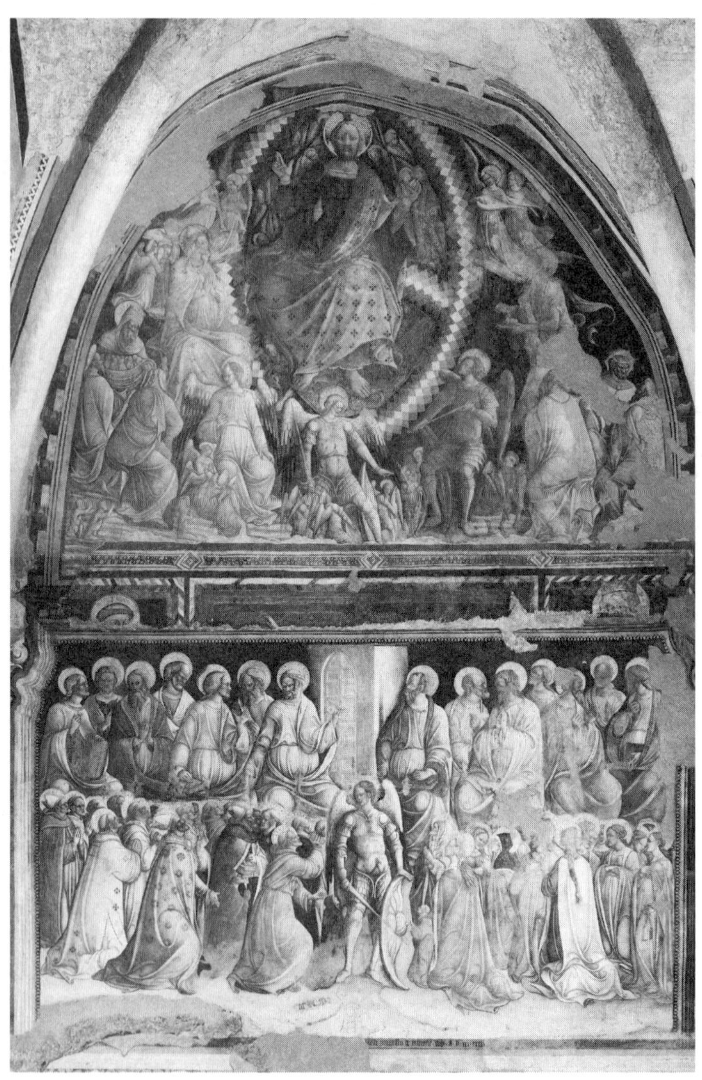

25 Bartolomeo di Tommaso, Fresko mit richtendem Christus (oben) und Petrus vor der Himmelstür (unten), um 1450, Terni, S. Francesco, Cappella Paradisi, Altarwand

ten 14. Jahrhundert wohl von Niccolò da Bologna für eine Handschrift des *Decretum Gratiani* angefertigt wurde (Berlin, Kupferstichkabinett, Inv. 4215), zeigt anschaulich, wie unmittelbar das Weltgericht mit seiner Erhebung der Erwählten und Verdammung der Sündigen mit der päpstlichen Schlüssel- und Richtergewalt in Parallele gesetzt werden konnte.

Im übrigen stellt das *Jüngste Gericht* an der Altarwand der Sixtina keine absolute Ausnahme dar. So ließ etwa die Familie Bellincini im Dom zu Modena in den 1470er Jahren ihre Kapelle mit Fresken von Cristoforo di Lendinara und seiner Werkstatt ausstatten. Wie einst in der Sixtina findet sich hier ein auf die Wand gemaltes, fingiertes Altarretabel mit Maria und Heiligen. Um dieses herum auf der Wand ereignet sich das Jüngste Gericht. Dabei sind Christus mit den himmlischen Heerscharen, der Erzengel Michael mit den begleitenden Posaunenbläsern sowie die auferstehende Menschheit bereits auf drei nur durch Wolkenbänder locker abgeteilte Register des gesamten Bildfeldes verteilt. Vergleichbar sind zudem an den Innenseiten der flachen Kapellenrahmung eine Reihe von acht Propheten. Ein weiteres Beispiel für eine Gerichtsszene auf der Altarwand, 1446 datiert, findet sich im Piemont, in der Kirche S. Giorgio von Campochiesa.

Aber nicht nur an diesen aus römischer Sicht entlegenen Orten, sondern auch zwischen Florenz und Rom selbst sind prominente Beispiele anzutreffen. Deren zusätzliche Besonderheit besteht darin, daß hier das Gericht und die Orte des Jenseits nicht nur eine Wand, sondern stets einen gesamten Raum einnehmen. Dies gilt für die Strozzi-Kapelle in S. Maria Novella zu Florenz aus den 1350er Jahren, wo das Erscheinen des Richters an der Altarwand von Himmel und Hölle an den Seitenwänden begleitet wird. Bezeichnenderweise zeigt das Altarbild Orcagnas die Schlüsselübergabe von Christus an Petrus. Die Ausmalung der Cappella Paradisi in S. Francesco zu Terni, rund 75 Kilometer vor Rom, entstand um 1450 durch Bartolomeo di Tommaso. Der Familienname der Kapelleneigner, der adeligen Paradisi, legte ein Thema des Jenseits nahe. Die Altarwand (Abb. 25) wurde in zwei Register unterteilt: Oben thront der richtende

Christus, darunter ist das Tor zum Himmel zu sehen. Petrus, assistiert vom Erzengel Michael und umlagert von seinen Apostelkollegen und Heiligen, kontrolliert mit seinem goldenen Schlüssel den Zugang zum Himmelreich. Auf den angrenzenden Wänden links und rechts sind wiederum Hölle und Paradies dargestellt. Auch bei Signorellis Fresken der Brizio-Kapelle in Orvieto, die die letzten Stadien der Heilsgeschichte in singulärer Ausführlichkeit verbildlichen, erscheint der richtende Christus auf der Altarwand. Schließlich ließe sich auf das ehemalige Oratorio di S. Pietro Martire in Rieti verweisen. Die Fresken von Bartolomeo und Lorenzo Torresani entstanden zwar erst 1552–1554, stellen aber eine frühe Rezeption von Michelangelos Gerichtsbild dar, das in Anlehnung an Signorellis Fresken in Orvieto um Himmel und Hölle erweitert wurde.

Michelangelos *Jüngstes Gericht* dominiert also den gesamten Raum der Sixtina nicht allein durch seine neuartigen, die Bildgrenzen sprengenden Darstellungsmittel. Aufgrund der vorausgehenden Bildtradition wären die zeitgenössischen Betrachter auch einigermaßen darauf vorbereitet gewesen, daß bei einem *Jüngsten Gericht* hinter dem Altar der gesamte Raum die Orte des Jenseits thematisierte. Dabei ließ sich die *civitas Dei* im Sinne Augustins als wohlgeordnete Gemeinschaft der Gläubigen darstellen. Ergänzend dazu gab es in Nord- und Mittelitalien eine breite Bildüberlieferung, welche die Himmelsstadt konkret durch Mauern, Tor und teils einen zentralen Turm, vor allem aber auch mit Petrus als Türwärter visualisierte. Außer in der Cappella Paradisi steht Petrus in S. Fiorenzo im piemontesischen Bastia Mondovi zusammen mit Michael am Himmelstor, gemalt um 1466/72. In S. Maria in Piano in dem Abruzzenort Loreto Aprutino läßt Petrus die Rechtschaffenen ebenfalls durch einen turmartigen Torbau ins Himmelreich. Daneben sind Abraham und die beiden Patriarchen dargestellt, in deren Schoß die Rechtgläubigen auf die Wiederkunft Christi gewartet haben (nach Lk 16,19–31). Ähnliche Eingangssituationen zum Himmelreich finden sich in Wandbildern des 14. und 15. Jahrhunderts auch in den Kirchen von S. Maria del Casale (Brindisi), S. Stefano (Spoleto) oder SS. Annunziata (S. Agata dei Goti bei Benevent).

Die Vorgeschichte dieser Bildmotive kann hier nicht weiter verfolgt werden. Verwiesen sei nur auf die römischen Triumphbogenmosaiken, auf denen unter dem Weltenherrscher Christus stets Abbreviaturen des Himmlischen Jerusalems erscheinen, auf die Mosaiken des Florentiner Baptisteriums mit ihrer Himmelspforte oder auf die ebenfalls im 13. Jahrhundert bemalte Eingangswand von S. Maria in Pomposa, wo die vier Ecken des Bildfeldes besetzt werden durch die Hölle unten rechts, die drei Patriarchen unten links, die Himmelsstadt oben links und die Leidenswerkzeuge Christi oben rechts. Vielleicht das schlagendste Beispiel für die Bedeutung von Petrus als Türwächter des Himmelreichs aber liefert erneut die Kapelle in Cori bei Rom. Deren Eingangswand zeigt ein Jüngstes Gericht mit Christus zwischen Maria und Johannes dem Täufer, darunter die Marterwerkzeuge an einem leeren Altar nach der Apokalypse-Vision des Johannes, daneben die Auferstehung, die Hölle und den Reigen der Himmelsbewohner. Da ein unverzichtbares Bildelement auf dieser dicht gefüllten Fläche offenbar nicht mehr prominent genug unterzubringen war, wurde an der angrenzenden Wand ein Feld aus dem Moses-Zyklus ausgespart: Dort wurde eigens die Treppe zur Himmelstür mit Petrus als Wächter davor dargestellt. (Zu vergleichen wären hier auch die Fresken von Tommaso und Matteo Biazaci von 1483 in San Bernardino, Albenga).

Vor diesem Hintergrund wird nun zweierlei deutlich: Zum einen war für Michelangelo und seine beiden päpstlichen Auftraggeber die Altarwand eines Raumes, dessen bereits vorhandene Ausstattung den triumphalen Vorhof zum Himmel assoziieren ließ, praktisch zwingend mit einem Jüngsten Gericht zu bemalen. Zum anderen mußte für die zeitgenössischen Betrachter umgekehrt das vollendete Fresko die restliche Raumausstattung noch intensiver mit Jenseitsvorstellungen verbinden. Die Scheinarchitektur mit den sie bekrönenden Propheten, Sibyllen und Ignudi ließ die Mauern des Himmlischen Jerusalems assoziieren. Im Sinne der skizzierten Steigerung, welche die Bildkonzepte in der Sixtina immer wagemutiger werden ließ, die Grenzen des Darstellbaren hinausschob und zugleich transzendierte, scheint mit dem *Jüngsten Gericht* das für die begrenzte menschliche Vorstellung faßbare Bild von Mauern und Bauten der Gottesstadt abgelöst zu werden vom raum- und zeitlosen Beieinander der Erwählten, das keiner Architekturmetaphern mehr bedarf.

Nun wird auch die vorbildlose Haltung und Handlung des Petrus an der Altarwand verständlich. Er gibt seine Schlüssel an Christus zurück oder bietet es diesem zumindest an. Erstmals in der Bildtradition scheint hier eine Art Umkehrung der traditionellen *traditio clavium* dargestellt zu sein, der Schlüsselübergabe, wie sie in den vorausgehenden Bildern der Sixtina in Peruginos Fresko aus dem Christus-Zyklus, Raffaels Teppichen und möglicherweise ein drittes Mal zu Beginn der Papstreihe über dem Altarbild zu sehen gewesen war. Denn mit dem Ende des Weltgerichts, mit der definitiven Scheidung von Erlösten und Verdammten, bedurfte es keines Stellvertreters Christi und keines Torwächters zum Himmlischen Jerusalem mehr. In diesem Moment verliert auch das Fegefeuer seine Funktion. War es in den seit dem späten 15. Jahrhundert sehr beliebten Darstellungen der Gregorsmesse noch prall gefüllt mit Seelen, die der hl. Gregor durch das Meßopfer am Altar ‹freibetete›, so sind in Michelangelos Purgatorium über dem Altar nur mehr einige Dämonen zurückgeblieben.

Allerdings wurde diese Grundidee durch Michelangelos individuelle Gestaltung wieder verkompliziert und zumindest für einen Teil der Betrachter in höchstem Maße in Frage gestellt. Dies läßt sich anhand von Michelangelos Selbstbildnis auf der abgezogenen Haut des Bartholomäus andeuten. Die versteckte Porträt-Signatur folgt zunächst – nicht unüblich – der Doppelbewegung von Stolz auf das eigene Werk und persönlicher Demut und Erlösungshoffnung im Sinne von Hiob 19,25–27: «Ich werde wieder mit meiner Haut umgeben und in meinem Fleisch werde ich meinen Gott schauen.» Aber gerade für Michelangelo kann sich angesichts der schlaffen Haut die Wiederauferstehung im Fleisch noch gar nicht ereignet haben; noch ist die Haut nur Attribut eines Heiligen. Zweifelt der Künstler an seiner eigenen Auferstehung, versagt seine «alta fantasia» vor sich selbst, ist er der Größe der Schau gar nicht gewachsen? Zugleich fehlt auf dem Fresko (oder ist zumindest nicht eindeutig zu identifizieren) Michelangelos persönlicher Schutzheiliger, der Erzengel Michael, obwohl dieser in der gesamten Bildtradition des Weltgerichts einer der Hauptakteure ist. Spielt Michelangelo, den die zeitgenössische Panegyrik vielfach mit dem Erzengel verglich, mit dieser Absenz in dem Sinne, daß der Betrachter auf den Gedanken kommen sollte, der hl. Michael sei deshalb nicht auf der Altarwand zu sehen, weil er dem höchsten Richter vorauseilend sein Werk der Seelenwägung bereits in der Kapelle, in Rom und auf Erden insgesamt verrichten würde?

Mit dem *Jüngsten Gericht* finden die von Beginn der Ausstattung an zu beobachtenden Versuche, die Sixtina als Vorausschau und Sinnbild des zukünftigen Himmlischen Jerusalems zu verstehen, ihren Höhepunkt: In Michelangelos Vision senkt sich das Himmelreich genau über der Kapelle, oder besser: im Zentrum der irdischen *ecclesia militans* und am Grabmal Petri wieder auf die Erde nieder. Mit dem *Jüngsten Gericht* finden aber auch die Bestrebungen der Päpste, ihre und damit Petri und Christi Macht auf Erden zu demonstrieren, ihre Vollendung. Die in beide Richtungen zu lesende Achse von Maria über Christus und Petrus zu Jonas und Gottvater wäre ein letztes Mal zeitlich erweitert worden hin zum wiederkehrenden Gott der Ewigkeit. Daß dieser die Schlüssel des Petrus zurückerhalten und damit dessen Tun und dasjenige seiner Nachfolger für richtig erklären wird, legitimiert in wohl nicht mehr zu übertreffender Steigerung *sub specie aeternitatis* die Machtfülle des Papsttums auf Erden. Der so tief beunruhigende Skandal des Freskos aber lag darin, daß Michelangelo diese Botschaft von heroisch-nackten Figuren vortragen ließ, die sich großenteils kaum identifizieren, teils noch nicht einmal klar in ‹gut› und ‹böse› unterscheiden ließen, ja daß die Vision eines Künstlers den Anspruch erhob, dieses letzte Ereignis des Heilsplans derart wirkmächtig vorwegzunehmen und zu interpretieren.

Die Reform des Konklave unter Gregor XV. in den Jahren 1621/22 und die erste nach diesen neuen Vorgaben vollzogene Papstwahl nach dem Tod Gregors im folgenden Jahr scheinen freilich anzuzeigen, daß sich spätestens zu diesem Zeitpunkt die

Wahrnehmung des Freskos wieder beruhigt hatte. Erstmals wurde der Wahlvorgang von der Paolina in die Sixtina verlegt, wo er heute noch stattfindet. Grund dafür scheint vor allem der neue Eid gewesen zu sein, den die wählenden Kardinäle laut am Altar vorzutragen hatten und mit dem sie vor «Christus dem Herrn, der mein Richter sein wird», bezeugten, nach Gottes Willen für den Richtigen zu stimmen. Um diesen Eid abzulegen, gab es aber offensichtlich keinen besseren und symbolträchtigeren Ort als den Altar unterhalb von Michelangelos richtendem Christus.

‹Bildprogramme› und ‹künstlerische Freiheit› in der Renaissance

Michelangelos *Jüngstes Gericht* erscheint in den Lebensbeschreibungen von Vasari und Condivi einzig und allein als Demonstrationsobjekt künstlerischer Erfindungskraft, Freiheit und Vollendung. So heißt es bei Condivi: «Der Papst [Clemens] entschloß sich, daß Michelangelo den Tag des Jüngsten Gerichts malen sollte, da er dachte, daß er ihm bei der Mannigfaltigkeit und Großartigkeit des Stoffes ein neues Feld eröffne, wo er seine ganze Kraft an den Tag legen könnte. […] Da aber der Gedanke hierzu von Papst Clemens stammte und das Werk zu dessen Lebzeiten begonnen war, brachte Michelangelo nicht das Wappen Pauls darauf an, obwohl der Papst ihn darum gebeten hatte. Papst Paul hatte aber solche Liebe und Verehrung für Michelangelo, daß er, so sehr er dies gewünscht hatte, doch nie sein Mißvergnügen erregen wollte. In diesem Werk drückte Michelangelo alles aus, was die Kunst der Malerei aus dem menschlichen Körper machen kann, ohne eine Gebärde oder Bewegung wegzulassen.» Vasari bringt es auf den Punkt: Clemens habe Michelangelo mit dem *Jüngsten Gericht* beauftragt, «um mit diesem Bilde zu zeigen, was die Malkunst […] zu leisten vermöge.»

Beide Autoren, der eine selbst Künstler, der andere treues Sprachrohr Michelangelos, verfolgten mit ihren Aussagen zumindest eine doppelte Intention. Einerseits richteten sie sich gegen die zeitgenössischen Theologen, die im Zuge der Gegenreformation die Bildkünste streng reglementieren wollten und speziell Michelangelos *Jüngstes Gericht* für die Verstöße hinsichtlich Thema und Angemessenheit kritisierten. Andererseits präsentierten sie Michelangelo als Höhepunkt einer Entwicklung, welche die intellektuelle und soziale Stellung der Künstler und ihres Tuns daran bemaß, daß diese ihre Sujets selbst erfanden. Denn nicht die manuelle Ausführung, sondern allein die geistige Konzeption konnte Malerei und Bildhauerei in den Rang von freien Künsten erheben. In diesem Sinne hatte schon Leon Battista Alberti 1435 die Erfindungen des antiken Malers Apelles gerühmt. Lorenzo Ghiberti war stolz darauf, daß er die Paradiestür «nach seiner Erfindung» ausführen durfte. Und als 1501 Isabella d'Este um jeden Preis ein mythologisches Gemälde von Giovanni Bellini zu besitzen wünschte, gestand sie diesem zu, das Thema nach eigenem Gutdünken wählen zu können. Auch Marcantonio Raimondis Stiche nach Raffaels Erfindungen lassen sich teils in dieser Tradition verstehen: Sie verbreiten die Bilderfindungen Raffaels zu dessen Ruhm. Michelangelo tritt auch hier als der ‹Vollender› auf, nicht nur als Spezialist für Dante, sondern auch als ‹malender Theologe›, als von Gott begnadeter Visionär.

Die Wirklichkeit sah mit Sicherheit anders und komplizierter aus. Blickt man etwa auf den erhaltenen Vertrag zu Fra Bartolommeos *Jüngstem Gericht* in Florenz von 1498, dann sind dort die darzustellenden Hauptpersonen und die Textgrundlage eindeutig benannt. Dies war auch schon der Fall bei Ghibertis Paradiestür. Im Vatikan bat 1516 Raffael den Kardinal Bibbiena um den «Text zu den Geschichten» für die Fresken, die er in dessen Badezimmer malen sollte. Eine solche profane Ausstattung läßt sich natürlich nur bedingt mit einer religiösen Bildausstattung vergleichen, zeigt aber, daß selbst ein ‹Superstar› wie Raffael am päpstlichen Hof selbstverständlich mit derartigen Vorgaben arbeitete. So wird man sich auch die Genese aller Bilder der Sixtinischen Kapelle vorstellen dürfen: Dem jeweiligen Papst kam die Ehre zu, der ‹Autor› der Gesamtkonzeption zu sein – wie es bereits 1477 das erste bekannte Gedicht zum Neubau der Sixtina für Sixtus IV. reklamierte. Das päpstliche Stichwort, das möglicherweise schon von der Entourage des Pontifex souffliert worden war, wurde dann von dieser ausgearbeitet und schriftlich oder mündlich den Künstlern übermittelt. Deren Spielraum bei der Umsetzung war dann immer noch beträchtlich; die Möglichkeiten der formalen Gestaltung konnten auch eigentlich nur die Künstler selbst wirklich ermessen und ins Spiel bringen. Dabei wird der Prozeß von der ersten Idee zum fertigen Werk nicht nur als einfache Abfolge der Instanzen vonstatten gegangen sein. Michelangelos Vorentwürfe zur Sixtinischen Decke etwa eröffneten Chancen für neue, große Bildfelder, die erneute Rücksprache mit den Verantwortlichen erforderten, deren Vorschläge wiederum den Anstoß für neue Bildideen liefern konnten. Michelangelos Erfindungskraft und interpretative Leistung bei der Ausgestaltung von Decke und *Jüngstem Gericht* bleiben enorm, auch wenn man nicht von dem ganz unwahrscheinlichen Szenario ausgeht, daß im Zentrum der Christenheit ein Künstler ohne Vorgabe und Kontrolle malen durfte, was er wollte.

Dies gilt umso mehr angesichts der prinzipiellen Struktur von ‹Bildprogrammen› in der Renaissance. Die zeitgenössische Bezeichnung dafür lautete «invenzioni», ‹Erfindungen›. Diese ‹Erfindungen› konnten ihrerseits so geistreiche Texte sein, daß man sie auch ohne das zugehörige Kunstwerk gerne las – so behauptete es schon Alberti und so ist es überliefert für Leo X., der sich das Programm zu den Feierlichkeiten am Florentiner Johannes-Fest 1514 geben ließ. Die Erfindungen konnten aber auch so kompliziert oder ambivalent sein, daß es dringend einer Erklärung des Dargestellten bedurfte – so etwa bezeugt für die Bilder bei einem Florentiner Turnier des Jahres 1471 oder aber für die Karnevalswagen im Rom des Jahres 1539. In jedem Fall entsprachen alle diese *invenzioni* nicht in dem Sinne der modernen Vorstellung von Programmen, daß sie die genaue räumliche Verteilung der Bilder, deren Bezüge untereinander oder gar die Deutungsebenen darlegten; sie benannten vielmehr nur die Themen. Wie die visuelle Umsetzung dieser Texte in den Jahrzehnten um 1500 zwischen Künstlern und Beratern genau geschah, entzieht sich weitgehend unserer Kenntnis. Hier fiel Michelangelo, Raffael und schon den Malern des Quattrocento sicher die entscheidende Rolle zu.

Jedenfalls kann die in diesem Buch verfolgte Ausgestaltung der Sixtinischen Kapelle als fortwährende ‹Bildreflexion› über die Heilsgeschichte, die Stellung des Papstes, *ecclesia militans* und *ecclesia triumphans*, Paradies und Himmlisches Jerusalem, aber auch über die Leistungsfähigkeit von Malerei nicht als konsequente Umsetzung eines einmal festgelegten Programms erfolgt sein. Dennoch griff jedes neue Bildelement Aspekte der vorausgehenden Ausstattung auf, dachte sie weiter und modifizierte oder präzisierte sie teils. Es ist dieser Prozeß, der in der Sixtinischen Kapelle über sechs Jahrzehnte wie an keiner anderen Raumausstattung im Italien der Renaissance verfolgt werden kann. Und es ist diese Kontinuität, die vor allem Michelangelo und Raffael motivierte, in der konkurrierenden Auseinandersetzung mit den anderen Bildelementen des Raums (und des Vatikanpalastes insgesamt) ihre jeweils neuen und für die europäische Kunst der nächsten Jahrhunderte wegweisenden Bildsprachen zu entwickeln.

Epilog im Fegefeuer: Der Mythos der Sixtinischen Kapelle und die Kunstgeschichte

Die weitere Geschichte der Sixtina erstrahlt im Widerstreit der Extreme. Zunächst einmal sollte die Kapelle auch noch nach 1541 und über die beiden Ersatzfresken auf der Eingangswand hinaus neue Ausstattungsstücke erhalten. Da das *Jüngste Gericht* die Hängung von Raffaels Tapisserien zu seiten des Altars unmöglich machte und diese an die Längswände verbannte, gab Paul III. bei Perino del Vaga eine Teppichbordüre mit Groteskendekorationen für den unteren Abschluß des *Gerichts* in Auftrag. Aus unbekannten Gründen scheint die Vorlage nicht gewoben worden zu sein – zwei fast identische Entwürfe auf Leinwand haben sich aber erhalten. Als ephemeres Altarbild diente um dieselbe Zeit eine Tapisserie mit der *Krönung Mariens*. Vier neue Teppiche entwarfen dann Schüler des Carlo Maratti im späteren 17. Jahrhundert. Bereits 1543 hatte Paul III. auch den Steinmetz und ehemaligen Farbenreiber Michelangelos Francesco di Bernardino d'Amaldore zum Aufseher aller Gemälde der Sixtina, der Sala Regia und der Cappella Paolina ernannt. Offenbar war der Papst um einen guten Zustand der Bilder besorgt. Und nicht nur die zwei, drei Künstlergenerationen nach Michelangelo kopierten seine Fresken im Sinne einer ‹Schule der Kunst› – wie es etwa die gemalte Vita des Taddeo Zuccari zeigt (Abb. 26). Bis ins frühe 19. Jahrhundert waren Michelangelos Figuren selbstverständlicher Bestandteil der Zeichenlehrbücher und je nach steigender oder sinkender Fama des ‹Göttlichen› mit mehr oder weniger Beispielen vertreten. Noch auf Mark Tanseys Gemälde *Triumph over Mastery II* von 1987, in dem der US-amerikanische Maler über (moderne) ‹Kunst› und die Wahrnehmung von künstlerischen Leistungen vergangener Zeiten reflektiert, überpinselt ein Fassadenanstreicher Michelangelos *Jüngstes Gericht* als das Musterbeispiel für ein Meisterwerk.

Doch mit Beginn des 19. Jahrhunderts wurde die künstlerische Verehrung Michelangelos endgültig brüchig. Der französische Maler Jean-Auguste-Dominique Ingres, gerade als Preisträger der Französischen Akademie in Rom angekommen, war von seinem Besuch der Kapelle in der Karwoche 1807 tief ergriffen: «Die Sixtinische Kapelle ist ausschließlich für den Gottesdienst der Karwoche und des Konklave vorgesehen. [...] Nichts ist so überwältigend wie das Zeremoniell, das der Papst [...] mit seinen Kardinälen leitet. [...] Am Abend schließlich [...] steigt der Papst von seinem Sitz herab und kniet nieder, und eine große Stille kündigt den himmlischen Einsatz der Stimmen an, die das ‹Miserere› vortragen. [...] Licht gibt es keines mehr, der Tag neigt sich und läßt kaum noch das furchterregende Gemälde des ‹Jüngsten Gerichts› erkennen, dessen gewaltige Wirkung eine Art von Schrecken in unsere Seele gräbt.» Ingres' etwas später, zwischen 1812 und 1814, gemalte Innenansicht der Kapelle während einer Messe im Beisein des Papstes (Abb. XIV) ist dann nicht als ‹Dokumentation› zu verstehen – Pius VII. war zu diesem Zeitpunkt Gefangener Napoleons auf Schloß Fontainebleau und hätte auch kein solches weißes Gewand getragen. Hier wird vielmehr ein nostalgisches Ideal entworfen, an dem die Bildkünste entscheidenden Anteil hatten, wenn es sich nicht überhaupt nur für die Künste interessierte. Die Kritiker von Ingres' Gemälde, das dieser im Pariser Salon präsentierte, beklagten denn auch den «Anachronismus und die Verkehrung der Zeiten» in dem Bild, bei dem die dargestellten Fresken der Renaissance fortschrittlicher erscheinen würden als die scharf umrissenen, entkörperlichten und wie eingefroren wirkenden Gestalten von Ingres.

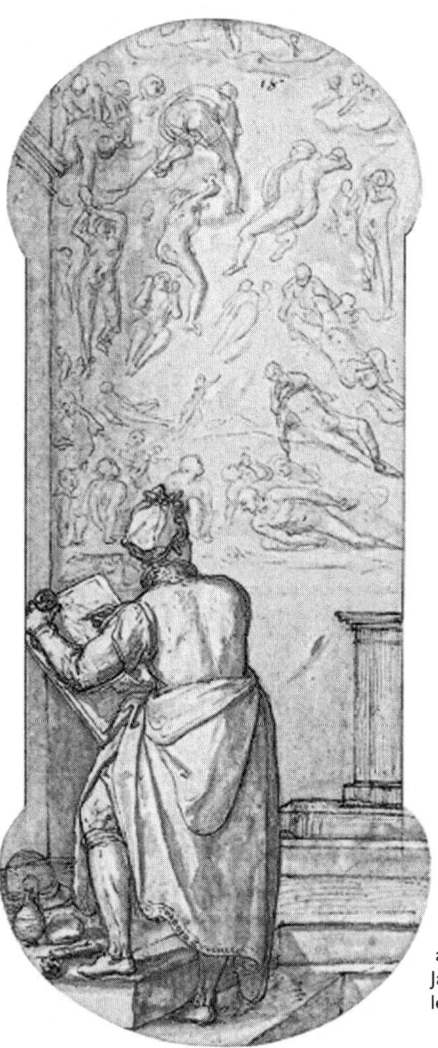

26 Federico Zuccari, Taddeo Zuccari zeichnet nach Michelangelos *Jüngstem Gericht*, 1590er Jahre, Rötelzeichnung, Los Angeles, Getty Museum

Goethes wenige Jahrzehnte frühere Besichtigung der Decke vom Laufgang auf dem Hauptgesims aus, wie er sie in der *Italienischen Reise* festhielt, ist dagegen noch voll uneingeschränkten Lobes: «Am 28. November [1786] kehrten wir zur Sixtinischen Kapelle zurück, ließen die Galerie aufschließen, wo man den Plafond näher sehen kann; man drängt sich zwar, da sie sehr eng ist, mit einiger Beschwerlichkeit und mit anscheinender Gefahr an den eisernen Stäben weg, deswegen auch die Schwindligen zurückbleiben: alles wird aber durch den Anblick des größten Meisterstücks ersetzt. Und ich bin in dem Augenblicke so für Michelangelo eingenommen, daß mir nicht einmal die Natur auf ihn schmeckt, da ich sie doch nicht mit so großen Augen wie er sehen kann. Wäre nur ein Mittel, sich solche Bilder in der Seele recht zu fixieren! Wenigstens was ich von Kupfern und Zeichnungen nach ihm erobern kann, bring' ich mit.»

Goethes Hinweis auf die Kupferstiche und Nachzeichnungen erinnert zugleich daran, in welchem Maße Vorstellungen und Kenntnisse von der Kapelle durch dic Ausschnitte und Ansichten von deren Reproduktionen bestimmt wurden. Nachdem 1870 eine erste systematische Zusammenstellung von Photographien der Decke publiziert worden war, stieg in den folgenden Jahrzehnten die *Schöpfung Adams* und dann ab 1951 vor allem der Ausschnitt mit den sich berührenden Fingern zu einer Ikone des westlichen Bildgedächtnisses auf. Erst diese mediale Fokussierung des Blicks scheint dann teils dazu verleitet zu haben, dieses Detail als eine Art Schlüssel und als wichtigste Szene der gesamten Decke zu deuten. Es bleibt abzuwarten, was die neuen Möglichkeiten dreidimensionaler Ansichten der Kapelle für das zukünftige Verständnis bringen werden (http://www.vatican.va/various/cappelle/sistina_vr/index.html). Ähnliches ließe sich über die Macht populärer Michelangelo-Bücher und -Filme sagen, die nicht nur das Bild des genialen Einzelgängers verbreiteten, sondern etwa auch die Sixtina zum alleinigen Ruhmesmonument des einen Künstlers Michelangelos machten.

Das Fegefeuer der Extreme flackerte zuletzt anläßlich der Restaurierung der Sixtina vor dem Jahr 2000 auf. Das bis dahin gewohnte Bild der heroisch-dunklen Werke Michelangelos wich Bildfeld für Bildfeld metallisch klarer, strahlender Farbigkeit. Der zentrale Vorwurf lautete, die Restauratoren würden Michelangelos letzte, *a secco* (also nachträglich auf das getrocknete Fresko aufgetragene) Malschicht, welche die Kontraste wieder abmildern sollte, radikal zerstören. Doch der Vergleich mit Michelangelos vorausgehendem *Tondo Doni*, aber auch die Rezeption der Decke durch andere Künstler haben zur mehrheitlich akzeptierten Einsicht geführt, daß hier tatsächlich der von Michelangelo intendierte Zustand wiedergewonnen wurde.

Über diesen Auseinandersetzungen, aber auch angesichts der Flut neuer Detailinformationen und brillanter neuer Farbaufnahmen, die sich am besten in Bildbänden präsentieren ließen, schienen die Bemühungen um eine Gesamtdeutung der Bildausstattung zunächst in den Hintergrund getreten. Freilich haben die Sixtina und insbesondere Michelangelo als ihr prominentester Künstler eine kaum mehr zu bewältigende Flut an Literatur provoziert. Nach den großen Beiträgen von Ernst Steinmann (1901–1905), der neoplatonischen Deutung von Charles de Tolnay (1945/1960) oder John Shearmans Überlegungen zu Zeremoniell und päpstlicher Legitimation (1972) wurde eine Sichtweise einflußreich, die die Brüche, Provokationen und ‹Häresien› in Michelangelos Bildern in den Vordergrund stellte. Wenn dieses Buch dagegen im Gefolge einiger Beiträge aus den letzten Jahren wieder stärker das Gesamt des Raumes und die Bildtraditionen in den Blick nimmt, dann geschieht dies nicht, um die Ausnahmestellung Michelangelos und seiner Fresken zu schmälern. Allein die Geschichte des Raumes und die Traditionen setzten Rahmenbedingungen, die auch für Michelangelo zumindest teilweise nicht zu überwinden waren und die erst den Ausgangspunkt und die eigentliche Leistung seiner revolutionären Bilder erfassen helfen.

Michelangelo selbst blieb seinem Werk gegenüber skeptisch. Sein Gedicht, das über die Arbeitsbedingungen an der Decke jammerte (Abb. 9), endet mit dem Bekenntnis: «Meine Bilder sind tot [...] Ich bin hier nicht am richtigen Platz – ich bin kein Maler!» Es gehört zu den Glücksfällen des irdischen Daseins, daß sich auf Erden selbst ein ‹göttlicher› Künstler so fundamental irren konnte.

Die Beischriften zum Christus- und Moses-Zyklus des 15. Jahrhunderts

(Buchstaben beziehen sich auf Abb. 5, S. 20 f.)

a Auffindung des Moses-Knaben
Inschrift verloren

A Geburt Christi
Inschrift verloren

b Reise des Moses nach Ägypten
OBSERVATIO ANTIQV[A]E REGENERATIONIS A MOISE PER CIRCONCISIONEM (Befolgung der antiken Erneuerung von Moses durch die Beschneidung)

B Taufe Christi
INSTITVTIO NOVAE REGENERATIONIS A CHRISTO IN BAPTISMO (Einsetzung der neuen Wiedergeburt durch Christus in der Taufe)

c Prüfung und Berufung des Moses
TEMPTATIO MOISI LEGIS SCRIPTAE LATORIS (Versuchung des Moses, des Trägers des geschriebenen Gesetzes)

C Versuchungen Christi und Reinigungsopfer
TEMPTATIO IESV CHRISTI LATORIS EVANGELICAE LEGIS (Versuchung Jesu Christi, des Trägers des evangelischen Gesetzes)

d Zug durch das Rote Meer
CONGREGATIO POPVLI A MOISE LEGEM SCRIPTAM ACCEPTVRI (Versammlung des Volkes, um das von Moses geschriebene Gesetz anzunehmen)

D Berufung der Apostel Petrus und Andreas
CONGREGATIO POPVLI LEGEM EVANGELICAM ACCEPTVRI (Versammlung des Volkes, um das evangelische Gesetz anzunehmen)

e ***Moses erhält die Gesetzestafeln***
PROMVLGATIO LEGIS SCRIPT[A]E PER MOISEM (Bekanntmachung des geschriebenen Gesetzes durch Moses)

E ***Bergpredigt***
PROMVLGATIO EVANGELICAE LEGIS PER CHRISTVM (Bekanntmachung des evangelischen Gesetzes durch Christus)

f ***Bestrafung der Rotte Korah***
CONTVRBATIO MOISI LEGIS SCRIPTAE LATORIS (Seelenaufruhr des Moses, des Trägers des geschriebenen Gesetzes)

F ***Schlüsselübergabe***
CONTVRBATIO IESV CHRISTI LEGISLATORIS (Seelenaufruhr Jesu Christi, des Gesetzgebers)

g ***Letzte Ereignisse im Leben des Moses***
REPLICATIO LEGIS SCRIPTAE A MOISE (Wiederholung des geschriebenen Gesetzes durch Moses)

G ***Letztes Abendmahl und Passion***
REPLICATIO LEGIS EVANGELICAE A CHRISTO (Wiederholung des evangelischen Gesetzes durch Christus)

h ***Kampf um den Leichnam des Moses***
Inschrift verloren

H ***Auferstehung und Himmelfahrt Christi***
ASCENSIO CHRISTI EVANGELICAE LEGISLATOR[IS] (Himmelfahrt Christi, des evangelischen Gesetzgebers)

Quellennachweis

S. 7: Eine moderne Ausgabe des *Julius* in Erasmus von Rotterdam: Ausgewählte Schriften, Bd. 5, hg. v. Gertraud Christian, Darmstadt 1995, S. 1–109. **S. 11:** Iannotius Manetti: De vita ac gestis Nicolai Quinti Summi Pontificis, hg. v. Anna Modigliani, Rom 2005, S. 84. **S. 18:** Zum Untergeschoß der Sixtina ein Gedicht von Aurelio Brandolini, s. Eugène Müntz: Les Arts à la Cour des Papes pendant le XVe et le XVIe siècle, Paris 1878–1882, Bd. 3, S. 135 f. **S. 18:** Zu Giuliano della Rovere eine Randnotiz zu den *Taxae cancellariae apostolicae*, Paris, BNF, MS. Lat. 4192A, fol. 7r; publiziert von John Shearman in: Pietrangeli 1986, S. 27. **S. 18 f.:** John Monfasani: A Description of the Sistine Chapel under Pope Sixtus IV, in: Artibus et Historiae 7 (1983), S. 9–18. **S. 19 f.:** Vertrag von 1481 und Schätzung von 1482 neu transkribiert bei Nesselrath 2003, S. 70 f. **S. 28:** Sixtus IV: Tractatus de sanguine Christi, zit. Ausg. Nürnberg 1473, fol. [54r–56v]; vgl. Kraus/Sauer 1908, S. 342. **S. 29 f.:** John Flemmyng: Lucubraciunculae Tiburtinae, publiziert von Vincenzo Pacifici: Un carme biografico di Sisto IV del 1477, Tivoli 1922, S. 18; zu Sixtus und Moses S. 62f. **S. 30:** Johannes de Turrecremata: Meditationes, hg. v. Heinz Zirnbauer, Wiesbaden 1968. **S. 31:** Der Text der Bulle bei Petersohn 2008. Die Aussage des Antonio Gratiadei über die Schlüsselgewalt des Papstes nach Steinmann 1901–1905, Bd. 1, S. 272. **S. 33:** Sangallos kryptische Notiz – «P[er] la cappella di Sisto di maniera di Piermatteo Damelia non si fece così. La fatta Michelangelo poi fine comesi[o]ne di Papa.» – scheint mir auf die Grundform der Decke mit den anders gestalteten Schmalseiten bezogen; daß die Decke Piermatteos gar nicht ausgeführt worden sei, wie schon behauptet, ist unwahrscheinlich. **S. 35 f.:** Francesco Albertini: Opusculum de mirabilibus novae & veteris urbis Romae, Rom 1510, fol. [Xiiiv], vgl. fol. [Yv] (Reprint: Five Early Guides to Rome and Florence, hg. v. Peter Murray, Farnborough 1972). **S. 36:** Giovanni Santi: La vita e le gesta di Federico di Montefeltro, duca d'Urbino, hg. v. Luigi Michelini Tocci, 2 Bde., Città del Vaticano 1985, Bd. 2, S. 668–677. **S. 39:** Ugolino Verino: De Illustratione Vrbis Florentinae, Lyon 1583, fol. 17r; Ugolino Verino: Epigrammi, hg. v. Francesco Bausi, Messina 1998, S. 328. **S. 42 f.:** Andrea Guarna Salernitano: Simia, hg. v. Bruno Pellegrino, Salerno 2001, S. 64f. zu Julius II. im Himmel; S. 120–145 der Dialog mit Bramante. **S. 44 f.:** Il Carteggio di Michelangelo, Bd. 1, hg. v. Paola Barocchi und Renzo Ristori, Florenz 1965, S. 16 (Nr. X). **S. 50:** Michelangelos *Ricordo* zum Arbeitsbeginn 1508 bei de Tolnay 1945, S. 216 (Nr. 3); hier im folgenden auch die meisten anderen Quellen zur Decke kompiliert. **S. 51:** Zu Michelangelos Finanzen s. Rab Hatfield: The Wealth of Michelangelo, Rom

2002, S. 23–30. **S. 53:** Die Passagen im *Diarium* von Paris de Grassis erstmals publiziert von Eugène Müntz: Une rivalité d'artistes au XVI siècle: Michel-Ange et Raphael a la cour de Rome, in: Gazette des Beaux-Arts, ser. 2, 25 (1882), S. 281–287 und 385–400, hier S. 385f. **S. 54:** Die Briefe Michelangelos zu den Schulden des Papstes in: Il Carteggio di Michelangelo, Bd. 1, hg. v. Paola Barocchi und Renzo Ristori, Florenz 1965, S. 107f. (Nr. LXXV und LXXVI). **S. 54:** Die Notiz unter dem 14./15. August 1511 im *Diarium* des Paris de Grassis zu den «picturas novas [...] noviter detectas» zit. nach de Tolnay 1945, S. 235 (Nr. 52). **S. 57:** Giovios *Vita* in Scritti d'Arte del Cinquecento, Bd. 1, hg. v. Paola Barocchi, Mailand/Neapel 1971, S. 10–13. **S. 57f.:** Zur Konzeption der Decke 1523 s. Il Carteggio di Michelangelo, Bd. 3, hg. v. Paola Barocchi und Renzo Ristori, Florenz 1973, S. 8 (Nr. DXCIV), eine zweite Version S. 11 (Nr. DXCV). **S. 64:** Auch Michelangelos Malstil wurde als ‹antikisch› und zugleich den heroischen Epen Homers und Vergils vergleichbar wahrgenommen, vgl. Andrea Fulvio: Antiquitates Vrbis, Rom 1527, fol. XXVIr: «Denn da der feurige Geist Julius' II. nach allem Herausragenden entbrannt war, ließ er auch die Sixtinische Basilika [...] durch heilige heroische Malerei [sacra pictura heroica] schmücken, die der antiken Malerei überaus ähnlich und bis auf die heutige Zeit nicht mehr gesehen ward.» **S. 66:** Den Hinweis auf Hrastovlje verdanke ich Chiara Franceschini. **S. 71:** John O'Malley: Man's Dignity, God's Love, and the Destiny of Rome. A Text of Giles of Viterbo, in: Viator 3 (1972), S. 389–416. **S. 72:** Zu Esther und Haman das unter Sixtus IV. approbierte *Officium de Immaculata Conceptione* des Bernardino De'Busti, zit. nach Butler 2009, S. 270. **S. 73:** Die Rede des Antoninus bei Odoricus Raynaldus: Annales Ecclesiastici ab Anno quo desinit Card. Caes. Baronius M. C. XCVIII usque ad Annum M. D. XXXIII, Bd. 18, Köln 1694, S. 436 (1455, Nr. 21). **S. 75:** Zacharias als «profeta dell edificazione del tempio» in der 33. Fastenpredigt 1495 von Savonarola, zit. nach Kraus/Sauer 1908, S. 361f. **S. 76f.:** John W. O'Malley: Fulfillment of the Christian Golden Age under Pope Julius II: Text of a Discourse of Giles of Viterbo, 1507, in: Traditio 25 (1969), S. 265–338. **S. 78:** Ugolino Verino: Carlias. Ein Epos des 15. Jahrhunderts, hg. v. Nikolaus Thurn, München 1995, S. 282–284 und 291 (VIII, 234–302 und 550–573). **S. 79:** Die Motette zit. nach Rowland 1998, S. 169 f. **S. 81 f.:** Iannotius Manetti: De vita ac gestis Nicolai Quinti Summi Pontificis, hg. v. Anna Modigliani, Rom 2005, S. 47f., Übersetzung nach Ertl 2007, S. 173. **S. 82:** Zum Inventar des Teppichlagers s. Shearman 1972, S. 5f., und Ertl 2007, S. 166. **S. 83 f.:** Die Reise des Kardinals Luigi d'Aragona durch Deutschland, die Niederlande, Frankreich und Oberitalien, 1517–1518, beschrieben von Antonio de Beatis, hg. v. Ludwig Pastor, Freiburg i. Br. 1905, S. 65. **S. 89:** Zu Paradiesesassoziationen durch Tapisserien vgl. Enea Silvio Piccolomini: I Commentarii, hg. v. Luigi Totaro, Mailand 1984, Bd. 2, S. 1538–1540 (VIII.2) und Bd. 2, S. 1594–1613 (VIII.8). **S. 90:** Das Zitat des Tifernates in Città del Vaticano, BAV, ms. Vat. lat.v182, fol. 2v–3r; nach Stinger 1985, S. 224f.; der Inhalt der Bulle paraphrasiert bei Steinmann

1901–1905, Bd. 2, S. 48 f. **S. 93:** Der Gesandtenbericht bei Steinmann 1901–1905, Bd. 2, S. 185 f. **S. 95 f.:** Roma 1536. Le *Observationes* di Johann Fichard, hg. v. Agnese Fantozzi, Rom 2011, S. 132–135. **S. 98:** Die beiden ersten Zitate zum *Jüngsten Gericht* von Niccolò Martelli, das dritte von Antonfrancesco Doni; zum engen Zusammenhang von Lob und Tadel des *Jüngsten Gerichts* s. Melinda Schlitt: Painting, Criticism, and Michelangelo's Last Judgement in the Age of the Counter-Reformation, in: Hall 2005, S. 113–149. **S. 111:** Für Überlegungen zum Erzengel Michael danke ich Michael Cole. **S. 113:** John Flemmyng: Lucubraciunculae Tiburtinae, publiziert von Vincenzo Pacifici: Un carme biografico di Sisto IV del 1477, Tivoli 1922, S. 26 f. **S. 115 f.:** Eine ausführliche Beschreibung der Kapelle bei Agostino Taja: Descrizione del Palazzo Apostolico Vaticano, Rom 1750, S. 33–64, die Ausstattungsgeschichte nach 1541 auf S. 64–66. **S. 116 f.:** Die Quellen zu Ingres Gemälde bei Uwe Fleckner: Die Gegenwart einer Illusion. Jean-Auguste-Dominique Ingres malt die Sixtinische Kapelle, in: Margit Kern u. a. (Hgg.): Geschichte und Ästhetik, München/Berlin 2004, S. 313–330.

Bildnachweis

1 (© München, Bayerische Staatsbibliothek), 3: zit. nach Hochrenaissance im Vatikan, hg. v. P. Kruse/G. Alteri, Bonn 1998; 2, 5, 10, 11, 19: gezeichnet v. Peter Palm, Berlin; 4: © ullstein bild – Lothar M. Peter; 6: © Albertina, Wien; 8: zit. nach F. Borsi, Bramante, Mailand 1989; 9, 18, 24, 25 (Courtesy of Ufficio Beni Culturali Diocesi Terni – Narni – Amelia), XIII: © Photo Scala, Florenz; 12: zit. nach H. Roser, St. Peter in Rom im 15. Jahrhundert, München 2005; 13: © akg-images/Schütze/Rodemann; 14: © Bibliotheca Hertziana/Rom; 15 (Private Collection), XII (Vatikanische Museen, Rom): The Bridgeman Art Library; 17: Catal. Vat. lat. 183 (f. IIIv), p. f. IIIv Vat. lat. 183, esp. f. IIIv, © 2013 Biblioteca Apostolica Vaticana; 20 (© Vatikanische Museen, Rom), VIII (Musée du Louvre, Département des Arts Graphiques, © RMN/Thierry Le Mage), IX (The Royal Collection, © 2012 Her Majesty Queen Elizabeth II), X (© Vatikanische Museen, Rom): zit. nach Raphael, Cartoons and Tapestries for the Sistine Chapel, hg. v. M. Evans/C. Browne/A. Nesselrath, London 2010; 21: © bpk; 22 (Bequeathed by Rev. Alexander Dyce, DYCE.1065), XI (Inv.-Nr. 15895): © V&A; 23, 26: zit. nach Michelangelo e la Sistina. La tecnica, il restauro, il mito, Rom 1990, hg. v. den Vatikanischen Museen/Biblioteca Vaticana; II, V (beide © Rom, Città del Vaticano, Monumenti Musei e Gallerie Pontificie): zit. nach S. Roettgen, Wandmalerei der Frührenaissance in Italien. 1470–1510, München 1997; III: © bpk/RMN/Grand Palais/René-Gabriel Ojéda; VI: zit. nach P. De Vecchi, Raphaël, Paris 2002; VII a/b: zit. nach

P. De Vecchi, Die Sixtinische Kapelle, München 1996; XIV: © National Gallery of Art, Washington/NGA images.
Leider war es nicht in allen Fällen möglich, die Inhaber der Rechte zu ermitteln. Wir bitten deshalb gegebenenfalls um Mitteilung. Der Verlag ist bereit, berechtigte Ansprüche abzugelten.

Literatur

Ausst.kat. Bonn: Hochrenaissance im Vatikan. Kunst und Kultur im Rom der Päpste 1503–1534, Ostfildern-Ruit 1998.

Bernadine Barnes: Michelangelo's *Last Judgement*. The Renaissance Response, Berkeley u. a. 1998.

Eugenio Battisti: Il significato simbolico della Cappella Sistina, in: Commentari 8 (1957), S. 96–104.

Horst Bredekamp: Sankt Peter in Rom und das Prinzip der produktiven Zerstörung. Bau und Abbau von Bramante bis Bernini, Berlin 2000.

Kim E. Buttler: The Immaculate Body in the Sistine Ceiling, in: Art History 32 (2009), S. 250–289.

Terry Comito: Renaissance Gardens and the Discovery of Paradise, in: Journal of the History of Ideas 32 (1971), S. 483–506.

Romeo De Maio: Michelangelo e la controriforma, Bari 1978.

Esther Gordon Dodson: An Augustinian Interpretation of Michelangelo's Sistine Ceiling, in: Art Bulletin 61 (1979), S. 223–256 und 405–429.

Thomas Ertl: Stoffspektakel. Zur Funktion von Kleidern und Textilien am spätmittelalterlichen Papsthof, in: Quellen und Forschungen aus italienischen Archiven und Bibliotheken 87 (2007), S. 139–185.

Leopold Ettlinger: The Sistine Chapel before Michelangelo. Religious Imagery and Papal Primacy, Oxford 1965.

Marc Evans, Clare Browne und Arnold Nesselrath (Hgg.): Raphael. Cartoons and Tapestries for the Sistine Chapel, London 2010.

Hermann Fillitz: Papst Clemens VII. und Michelangelo. Das Jüngste Gericht in der Sixtinischen Kapelle, Wien 2005.

Christoph L. Frommel: «Cappella Julia». Die Grabkapelle Papst Julius' II in Neu-St. Peter, in: Zeitschrift für Kunstgeschichte 40 (1977), S. 26–62.

Anton Groner: Zur Entstehungsgeschichte der Sixtinischen Wandfresken, in: Zeitschrift für christliche Kunst 19 (1906), S. 163–170, 193–202 und 227–236.

Marcia B. Hall (Hg.): Michelangelo's Last Judgment, Cambridge 2005.

Frederick Hartt: *Lignum Vitae in Medio Paradisi*. The Stanza d'Eliodoro and the Sistine Ceiling, in: Art Bulletin 33 (1951), S. 115–145, 181–218.

Tom Henry: Arezzo's Sistine Ceiling: Guillaume de Marcillat and the Frescoes in the Cathedral at Arezzo, in: Mitteilungen des Kunsthistorischen Institutes in Florenz 39 (1995), S. 209–257.

Eunice D. Howe: Art and Culture at the Sistine Court. Platina's «Life of Sixtus IV» and the Frescoes of the Hospital of Santo Spirito, Città del Vaticano 2005.

Robert John: Dante und Michelangelo. Das Paradiso Terrestre und die Sixtinische Decke, Krefeld 1959.

Herbert L. Kessler: Old St. Peter's and Church Decoration in Medieval Italy, Rom 2002.

Julian Kliemann und Michael Rohlmann: Wandmalerei in Italien. Die Zeit der Hochrenaissance und des Manierismus, 1510–1600, München 2004.

Franz X. Kraus und Joseph Sauer: Geschichte der christlichen Kunst, Bd. 2/2: Italienische Renaissance, Freiburg i. Br. 1908.

Rudolf Kuhn: Michelangelo. Die Sixtinische Decke, Berlin u. a. 1975.

Anne-Sophie Molinié: Cors ressuscitants et cors ressuscités. Les images de la résurrection des corps en Italie centrale et septentrionale du milieu du XVe auf début du XVIIe siècle, Paris 2007.

Alida Moltedo (Hg.): La Sistina Riprodotta. Gli affreschi di Michelangelo dalle stampe del Cinquecento alle campagne fotografiche Anderson, Rom 1991.

Alessandro Monicatti: Il Palazzo Vaticano nel Medioevo, Florenz 2005.

Arnold Nesselrath: The Painters of Lorenzo the Magnificent in the Chapel of Pope Sixtus IV in Rome, in: Francesco Buranelli und Allen Duston, O. P. (Hgg.): The Fifteenth Century Frescoes in the Sistine Chapel, Città del Vaticano 2003, S. 39–75.

Arnold Nesselrath: La Cappella Sistina: Il Quattrocento, Mailand 2003.

Michelle O'Malley: Finding Fame. Painting and the Making of Careers in Renaissance Italy, in: Renaissance Studies 24 (2010), S. 9–32.

Jürgen Petersohn: Kirchenrecht und Primatstheologie bei der Verurteilung des Konzilsinitiators Andreas Jamometić durch Papst Sixtus IV.: Die Bulle ‹Grave gerimus› vom 16. Juli 1482 und Botticellis Fresko ‹Bestrafung der Rotte Korah› (mit Edition des Quellentextes), in: Uta-Renate Blumenthal, Kenneth Pennington und Atria A. Larson (Hgg.): Proceedings of the Twelfth International Congress of Medieval Canon Law, Cittá del Vaticano 2008, S. 667–698.

Heinrich W. Pfeiffer: Die Sixtinische Kapelle neu entdeckt, Stuttgart 2007.

Carlo Pietrangeli (Hg.): Die Sixtinische Kapelle, Zürich/Köln 1986.

Pio F. Pistilli und Stefano Petrocchi: El oratorio y los frescos de *La Anunciación* de Cori: Un antiguo caso de patrocinio castellano en el agro romano, in: Archivo Español de Arte 77 (2004), S. 35–57.

Niels Krogh Rasmussen: ‹Maiestas pontifica›. A Liturgical Reading of Etienne Dupérac's Engraving of the ‹Cappella Sixtina› from 1578, in: Analecta Romana Instituti Danici 12 (1983), S. 109–148.

Steffi Roettgen: Wandmalerei der Frührenaissance in Italien, 1470–1510, München 1997.

Michael Rohlmann: Michelangelos ‹Jonas›. Zum Programm der Sixtinischen Kapelle, Weimar 1995.
Michael Rohlmann: Kontinuität und Künstlerwettstreit in den Bildern der Sixtinischen Kapelle, in: Wallraf-Richartz-Jahrbuch 60 (1999), S. 163–196.
Hannes Roser: St. Peter in Rom im 15. Jahrhundert. Studien zur Architektur und skulpturalen Ausstattung, München 2005.
Ingrid D. Rowland: The Culture of the High Renaissance. Ancients and Moderns in Sixteenth-Century Rome, Cambridge 1998.
Bernhard Schimmelpfennig: Die Funktion der Cappella Sistina im Zeremoniell der Renaissancepäpste, in: Bernhard Janz (Hg.): Collectanea II. Studien zur Geschichte der päpstlichen Kapelle, Città del Vaticano 1994, S. 123–174.
Michael Schmidt: «Papst Paul wünschte, dass er die von Clemens angeordnete Arbeit fortsetzen möge» – Neues zur Genese von Michelangelos ‹Jüngstem Gericht› in der Sixtinischen Kapelle unter Paul III., in: Das Münster 53 (2000), S. 16–29.
John Sherman: Raphael's Cartoons in the Collection of Her Majesty the Queen and the Tapestries for the Sistine Chapel, London 1972.
Leo Steinberg: Who's Who in Michelangelo's *Creation of Adam*: A Chronology of the Picture's Reluctant Self-Revelation, in: Art Bulletin 74 (1992), S. 552–566.
Ernst Steinmann: Die Sixtinische Kapelle, 2 Bde., München 1901–1905.
Charles L. Stinger: The Renaissance in Rome, Bloomington 1985.
Marie Tanner: Jerusalem on the Hill: Rome and the Vision of St. Peter's in the Renaissance, Turnhout 2010.
Charles de Tolnay: Michelangelo II: The Sistine Ceiling, Princeton 1945; Michelangelo V: The Final Period, Princeton 1960.
Günther Wassilowsky: Die Konklavereform Gregors XV. (1621/22), Stuttgart 2010.
Kathleen Weil-Garris Brandt (Hg.): Michelangelo. La Cappella Sistina, Città del Vaticano 1994.
Carroll W. Westfall: In this Most Perfect Paradise. Alberti, Nicolas V, and the Invention of Conscious Urban Planning in Rome, 1447–55, University Park/London 1974.
Johannes Wilde: The Decoration of the Sistine Chapel, in: Proceedings of the British Academy 44 (1958), S. 61–81.
Edgar Wind: The Religious Symbolism of Michelangelo, Oxford 2000.
Roberto Zapperi: Potere politico e cultura figurativa: La rappresentazione della nascita di Eva, in: Storia dell'Arte Italiana, Bd. III/3: Conservazione, falso, restauro, hg. v. Federico Zeri, Turin 1981, S. 375–442.
Frank Zöllner: Michelangelos Fresken in der Sixtinischen Kapelle, gesehen von Giorgio Vasari und Ascanio Condivi, Freiburg i. Br. 2002.

Dank

Arnold Nesselrath und Michael Cole haben mit ihren Ideen und ihrer Kritik entscheidend zur Entstehung des Buches beigetragen. Für Anregungen und Hilfe danke ich weiterhin sehr Matteo Burioni, Frank Fehrenbach, Chiara Franceschini, Christoph Luitpold Frommel, Urte Krass, Christiane Hille, Alina Payne und Cristina Ruggero. Die Direktorinnen der Bibliotheca Hertziana, Elisabeth Kieven und Sybille Ebert-Schifferer, haben mir die Möglichkeit eröffnet, meine Überlegungen in Rom vorzustellen und zu diskutieren. Ohne Stefanie Hölscher, Beate Sander, Alexandra Schumacher und die MitarbeiterInnen des Verlags C.H.Beck wäre das Buch nicht in dieser Form entstanden.